睡眠のひみつ

知るほどおもしろい「眠り」のちしき

東京大学
理学系研究科生物科学専攻 教授
林 悠 監修

睡眠にはどんなひみつがあるの？

はじめに

私たちが毎日欠かさず行う睡眠には、
まだまだ知られていないひみつがたくさんあります。
この本では、人間や動物たちがなぜ眠り、
どんな効果があるのかを解説しています。
また、動物たちのユニークな眠り方や睡眠に関する
面白いエピソードも紹介しています。

人間や動物は
1日にどのくらい寝るの？

睡眠の質を
高めるには？

Contents

目次

睡眠のひみつ 知るほどおもしろい「眠り」のちしき

第1章　睡眠のメカニズム

第2章　睡眠にまつわるあれこれ

第3章　動物たちの睡眠事情

本書の見方

本書は「睡眠」という行為にまつわる物事を、人間に限らずさまざまな生き物の生態などを含め、わかりやすくおもしろく解説しています。第1章ではなぜ生き物は眠るのか、第2章ではいびきのメカニズムや夢とは何か、眠りの質を追求してきた人類のこだわりや眠りに関する習慣、文化などを解説しています。第3章では鳥類や魚類、哺乳類などさまざまな生物の睡眠事情を紹介しています。

各見出しのテーマについて、基本的に見開き毎で解説しています。気になる項目から見ていきましょう。

漢字にはルビを振っています。

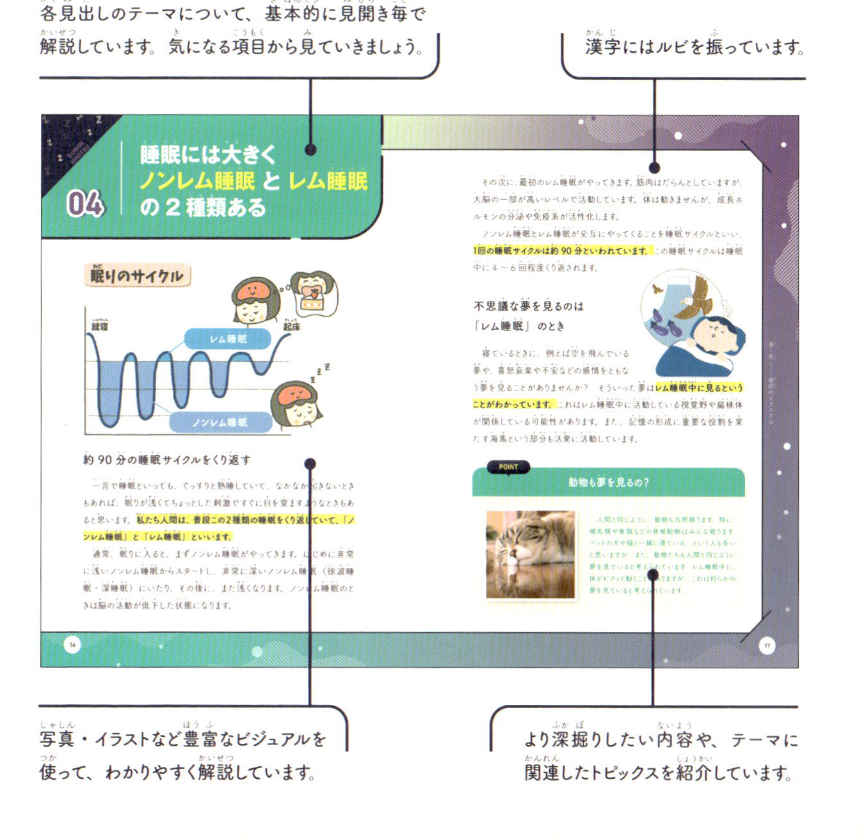
04 睡眠には大きく ノンレム睡眠 と レム睡眠 の２種類ある

眠りのサイクル

約 90 分の睡眠サイクルをくり返す

一言で睡眠といっても、ぐっすりと熟睡していて、なかなか起きないときもあれば、眠りが浅くてちょっとした刺激ですぐに目を覚ますようなときもあると思います。私たち人間は、普段この2種類の睡眠をくり返していて、「ノンレム睡眠」と「レム睡眠」といいます。

通常、眠りに入ると、まずノンレム睡眠がやってきます。はじめに非常に浅いノンレム睡眠からスタートし、非常に深いノンレム睡眠（徐波睡眠・深睡眠）にいたり、その後に、また浅くなります。ノンレム睡眠のときは脳の活動が低下した状態になります。

その次に、最初のレム睡眠がやってきます。筋肉はだらんとしていますが、大脳の一部が高いレベルで活動しています。体は動きませんが、成長ホルモンの分泌や免疫系が活性化します。

ノンレム睡眠とレム睡眠が交互にやってくることを睡眠サイクルといい、1回の睡眠サイクルは約 90 分といわれています。この睡眠サイクルは睡眠中に 4 ～ 6 回程度くり返されます。

不思議な夢を見るのは「レム睡眠」のとき

寝ているときに、例えば空を飛んでいる夢や、喜怒哀楽や不安などの感情をともなう夢を見ることがありませんか？　そういった夢はレム睡眠中に見るということがわかっています。これはレム睡眠中に活動している視覚野や扁桃体が関係している可能性があります。また、記憶の形成に重要な役割を果たす海馬という部分も活発に活動しています。

POINT 動物も夢を見るの？

人間と同じように、動物も当然眠ります。特に、哺乳類や鳥類などの脊椎動物はみんな眠ります。ペットの犬や猫と一緒に寝ている、という人も多いと思いますが、また、動物たちも人間と同じように夢を見ていると考えられています。レム睡眠中に、体がピクッと動くことがありますが、これは何らかの夢を見ていると考えられています。

写真・イラストなど豊富なビジュアルを使って、わかりやすく解説しています。

より深掘りしたい内容や、テーマに関連したトピックスを紹介しています。

※本書の情報は 2025 年 1 月時点のものです。

第1章

睡眠のメカニズム

01 生物にとって そもそも睡眠とは？

脳や心身の機能を維持するのに欠かせないもの

睡眠とは、そもそも何なのでしょうか？ これをひと言で定義すると、**「脳の意識レベルが低下し、視覚や聴覚などの感覚情報が脳に認識されにくくなった状態」**となります。睡眠中は意識を失っているのではなく、外界からの感覚情報を脳が受けつけにくくなっているにすぎないので、強い刺激に対しては反応したり応答したりできるのです。

では、生物は何のために睡眠をとるのでしょうか？ 心身を休ませ体力を回復したり、いろいろな生理機能や認知機能を維持したりするためだと考えられています。基本的に動物は睡眠中は体を動かさず、じっとしなければいけません。その間に外敵に襲われる危険もありますが、危険を冒してまで睡眠は必要なのです。

脳や心身の機能維持に欠かせない睡眠ですが、人の場合、どれくらいの睡眠をとるのが適正なのでしょうか？ 厚生労働省の『健康づくりのための睡眠ガイド2023』によると、それぞれのライフステージによって異なり、**小学生では1日あたり9～12時間が適正です。成人は6時間以上、反対に高齢者は8時間以上にならない程度といわれています。**

特に日本人は、統計的に睡眠時間が適正よりも短い人が多い傾向があります。ただし、睡眠時間は長ければ長いほど良い、というわけではありません。休日に睡眠不足をとり戻そうとする「寝だめ」も、むしろ健康を損なうおそれがあるため、毎日一定以上の睡眠時間を確保することが必要です。

SUIMIN HIMITSU

02 まったく睡眠をとらないとどうなるの?

本来必要な睡眠時間

月曜日	不足した睡眠時間	実際の睡眠時間
火曜日	不足した睡眠時間	実際の睡眠時間
水曜日	不足した睡眠時間	実際の睡眠時間
木曜日	不足した睡眠時間	実際の睡眠時間
金曜日	不足した睡眠時間	実際の睡眠時間

睡眠負債

病気のリスクが高まり、認知機能や精神衛生に悪影響をおよぼす

人は全く寝ない状態を続けると怒りっぽくなったり、吐き気をもよおしたりします。さらに数日不眠の状態が続くと、注意力が極端に散漫になり、幻覚や妄想が生じることも報告されています。しかも、この幻覚症状は、睡眠をとるようになったその後も、後遺症として残ることもあるのです。

睡眠には、生理機能・認知機能・精神衛生を維持する役割があるとされています。 長期間にわたり睡眠不足が続くと、がんや感染症、糖尿病をはじめ、さまざまな生活習慣病のリスクが高まるといわれています。

また、脳の機能が低下すると注意力が下がります。それが勉強の集中

力の低下や事故の発生に結びつくのです。さらに睡眠が不足すると、精神衛生にも多大な影響をおよぼします。精神疾患である「うつ病」においても、ほかの症状に先駆けて不眠が発生する例が多く報告されています。また、人と距離を置くようになり、孤独感が増す人が多い、という研究報告もあります。

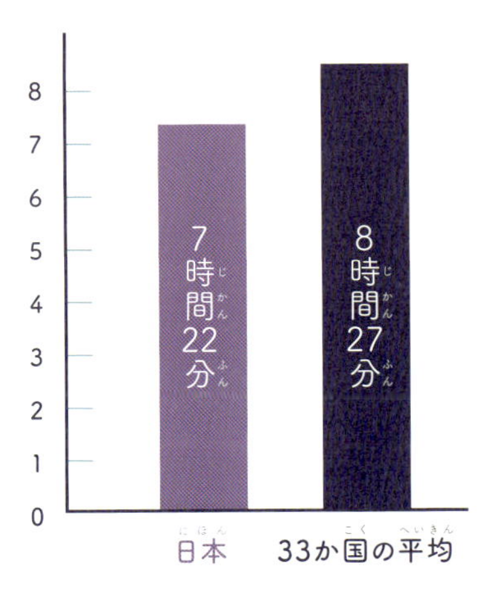

一般的な成人の場合、睡眠時間は一日6～8時間が望ましいとされていますが、日本は世界的に見ても睡眠不足の傾向にあるといわれています。OECD（経済協力開発機構）の統計『Gender Data Portal 2021』によると、日本人の睡眠時間は平均7時間22分で、加盟国33か国のなかで最短で、33か国の平均よりも1時間以上も短いそうです。

適切な睡眠時間をとらないことが慢性化すると、その負債が蓄積され、心身へ支障をきたす状態を、「睡眠負債」と呼びます。アメリカのスタンフォード大学のウィリアム・デメント博士が生み出した言葉です。

POINT

不眠の最長記録は19日？

世界には、眠らずにどこまで起きていられるかに挑戦した人たちがいます。1964年に当時17歳の高校生だったランディ・ガードナーさんは約264時間（約11日間）という記録を立てました。その後、1986年にスタントマンのロバート・マクドナルドさんが不眠に挑み、約19日間眠らずに、世界記録を樹立しました。

SUIMIN HIMITSU

03 睡眠をとるとどんな良いことがあるの？

起きているときに学習した記憶は寝ているときに固定される

　睡眠は、心身のコンディションを整えるうえで欠かせません。では、睡眠と「学習」には、どのような関係があるのでしょうか？

　睡眠には心身を休ませる以外にも、記憶の固定という重要な役割があります。**脳には、たくさんの神経細胞があり、情報をやりとりすることで機能しています。その神経細胞同士のつなぎ目をシナプスといいます。睡眠をとるとこのシナプスのつながりが強められ、記憶が定着します。**また、不要な記憶を消去するなど、整理も行われています。睡眠時間が短すぎると、記憶の整理・定着が行われる時間が減り、学習内容が定着しにくくなってしまいます。

それを証明する、記憶と睡眠に関する実験結果があります。その実験では、パソコンのキーボードの数字キーを12分間に決められた手順ですばやく打つという課題を実験参加者に行ってもらいました。

最初の測定から12時間後、さらに12時間後と3回課題を行ってもらい、測定しました。実験参加者は2回目の測定後に睡眠をとるグループと、最初の測定後に睡眠をとるグループに分けられました。どちらのグループも、睡眠後に成績が上がっています。

つまり、**良質な睡眠をとれば、精神的な疲労を回復し、学習への意欲や集中力を向上させる効果も期待できることがわかりました。反対に睡眠不足が続くと、情緒が不安定になるおそれがあるので注意しましょう。**

さらに、睡眠中に分泌される成長ホルモンは、身体の成長や修復だけではなく、肉体の疲労回復の効果も持っています。細菌やウイルスに対する免疫力にも影響を与えているので、風邪などをひきにくくなります。良質な睡眠をとることは、結果的に集中力を持続させ、長期間の学習にも耐える体を養うことになるのです。

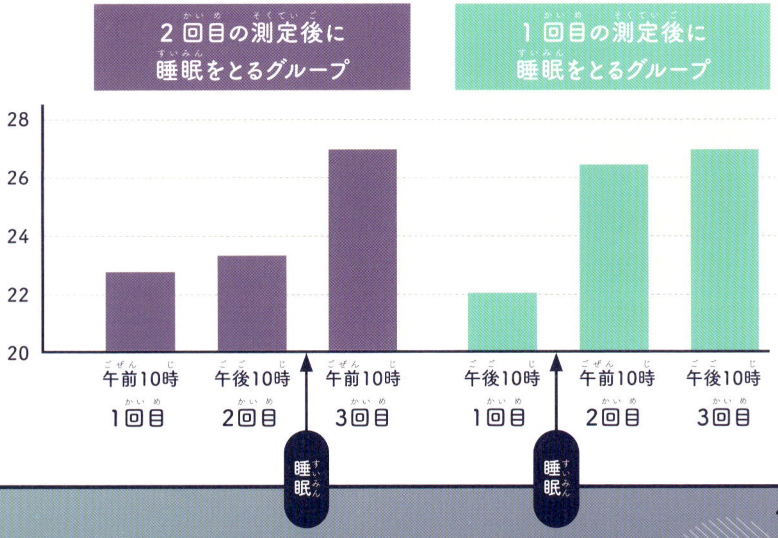

04 睡眠には大きくノンレム睡眠とレム睡眠の2種類ある

眠りのサイクル

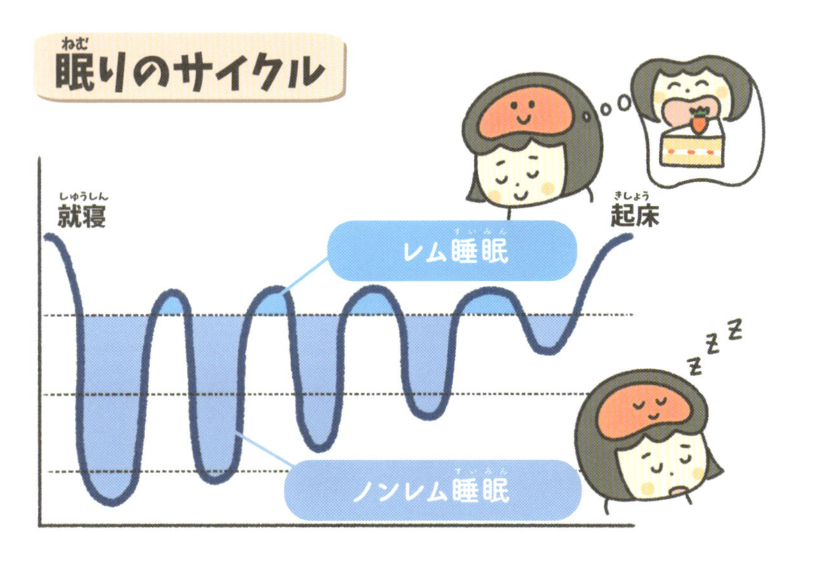

約90分の睡眠サイクルをくり返す

一言で睡眠といっても、ぐっすりと熟睡していて、なかなか起きないときもあれば、眠りが浅くてちょっとした刺激ですぐに目を覚ますようなときもあると思います。**私たち人間は、普段この2種類の睡眠をくり返していて、「ノンレム睡眠」と「レム睡眠」といいます。**

通常、眠りに入ると、まずノンレム睡眠がやってきます。はじめに非常に浅いノンレム睡眠からスタートし、非常に深いノンレム睡眠（徐波睡眠・深睡眠）にいたり、その後に、また浅くなります。ノンレム睡眠のときは脳の活動が低下した状態になります。

その次に、最初のレム睡眠がやってきます。筋肉はだらんとしていますが、大脳の一部が高いレベルで活動しています。体は動きませんが、成長ホルモンの分泌や免疫系が活性化します。

ノンレム睡眠とレム睡眠が交互にやってくることを睡眠サイクルといい、**1回の睡眠サイクルは約 90 分といわれています。**この睡眠サイクルは睡眠中に 4 ～ 6 回程度くり返されます。

不思議な夢を見るのは「レム睡眠」のとき

寝ているときに、例えば空を飛んでいる夢や、喜怒哀楽や不安などの感情をともなう夢を見ることがありませんか？　そういった夢は**レム睡眠中に見るということがわかっています。**これはレム睡眠中に活動している視覚野や扁桃体が関係している可能性があります。また、記憶の形成に重要な役割を果たす海馬という部分も活発に活動しています。

POINT

動物も夢を見るの？

人間と同じように、動物も当然眠ります。特に、哺乳類や魚類などの脊椎動物はみんな眠ります。ペットの犬や猫と一緒に寝ている、という人も多いと思いますが、動物たちも人間と同じように夢を見ていると考えられています。レム睡眠中に、体がピクッと動くことがありますが、これは何らかの夢を見ていると考えられています。

SUIMIN HIMITSU

05 寝ているときは脳はどんな状態なの？

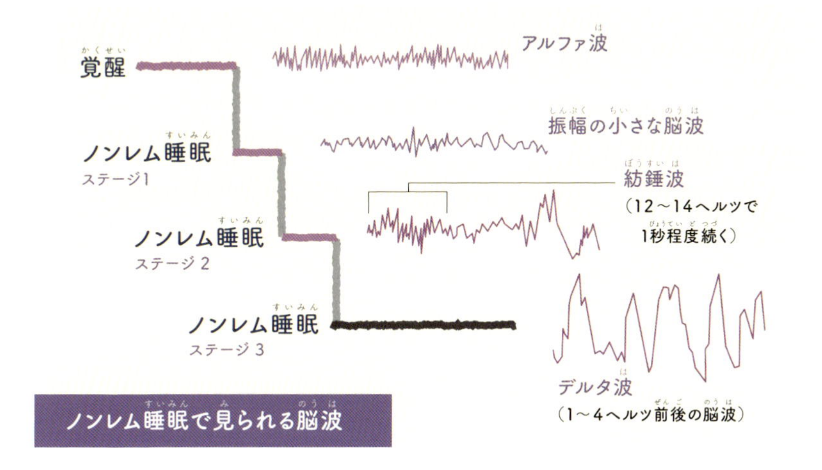

ノンレム睡眠で見られる脳波

脳波で見るとノンレム睡眠は3つの段階に分かれる

睡眠には睡眠サイクルがあり、レム睡眠とノンレム睡眠があると16ページで説明しましたが、ノンレム睡眠はさらにステージ1からステージ3の3段階に大きく分けられます。これは睡眠中の脳波の違いによって区別されています。

脳波とは脳の神経細胞（ニューロン）の活動によって生じます。 神経細胞は大脳の表面近くにあり、ほかの神経細胞から信号を受け取ると電気が流れます。その電気信号を頭につけた電極から読み取ったものが脳波です。たくさんの神経細胞の電気信号が生じるタイミングがバラバラだと脳波は小刻みになり、タイミングが合うほどゆっくり波打ちます。

脳波は主に周波数によって4種類に分けられます。周波数とは、波動が単位時間当たりにくり返される回数のことで、「ヘルツ」の単位が用いられます。ここからは、これらの脳波推移を見ていきましょう。

入眠前の覚醒している状態で目を閉じるとアルファ波という脳波が見られます。さらにじっと安静にしていると、アルファ波が徐々に減り、ノンレム睡眠のステージ1に入ります。

ステージ2では紡錘波と呼ばれる12～14ヘルツの小刻みな脳波が見られるようになります。睡眠全体で最も長い時間を占め、本格的な睡眠に入ったとみなされます。

その後、眠りが深くなるとステージ3になり、「デルタ波」と呼ばれる1～4ヘルツ前後のゆっくりした脳波が見られます。

ステージによって記憶の定着や目覚めの良さに影響する

ステージは1、2、3の順番に進み、その後2、1と戻って1回のノンレム睡眠が終わりますが、ステージが飛ぶこともあります。**ステージ1、2は比較的浅い睡眠です。ステージ3は深い睡眠になり、心身を回復させる役割があります。**

睡眠サイクルは目覚めの良さにも影響します。ノンレム睡眠のステージ1か2、またはレム睡眠の最中に目覚めると爽快に起きられます。反対に、ノンレム睡眠のステージ3の最中に目覚めると不快感が出やすいです。

また、ノンレム睡眠は記憶の定着や強化に重要であることが明らかになってきていて、ステージ2の紡錘波やステージ3のデルタ波が関係しているという研究が多くあります。

06 夢を見るのはなぜ?

レム睡眠中に活発に活動する視覚野や扁桃体が関係している可能性がある

夢は、睡眠中に脳が体験する活動のひとつです。**ノンレム睡眠中も夢を見ることがありますが、主にレム睡眠中に見ることがわかっています。**レム睡眠中の脳は覚醒しているときに近い状態で、脳波は覚醒時と同じように小刻みになります。

休むどころか視覚情報を処理する視覚野や、情動や感情をつかさどる扁桃体など、活発に活動している領域があります。反対に、論理的思考や社会性、感情などをコントロールする前頭前野の活動は低下します。

レム睡眠中に夢を見るのは、この視覚野や扁桃体が関係していると考えられています。

夢が新しいアイデアや発見につながることもある

夢にはどんな役割があるのかはわかっていませんが、「創造や発想のヒントをもたらす」ことがあります。夢には通常では考えられないような、奇妙な出来事やシチュエーションが出てくることがあります。それが、創作活動などの発想のヒントになることがあり、有名な芸術家や科学者などが、夢のなかでアイデアをひらめき、新しい発見につながったという逸話がたくさんあるのです。

その仕組みは明らかになっていませんが、脳の前頭前野の働きが関わっている可能性があります。前頭前野は理性的・論理的な判断に関わっていますが、レム睡眠中はその活動が低下するため、アイデアや発見につながると考えられます。

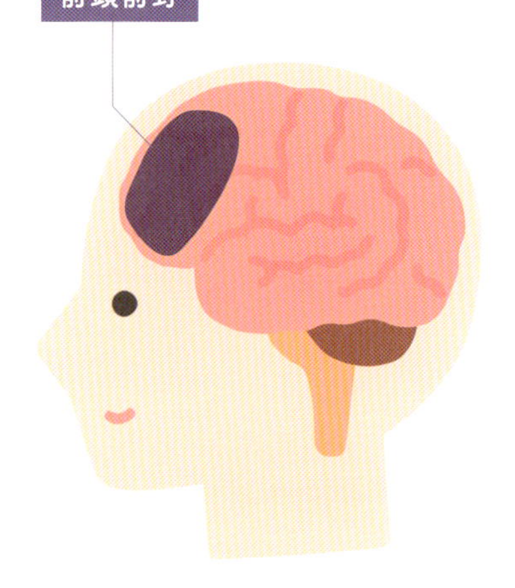

07 赤ちゃんがたくさん眠るのはなぜ?

寝ている間に神経細胞のネットワークが強化されている

赤ちゃんと聞いて思い浮かべるイメージはなんですか?「かわいい」「よく泣く」、そして「よく眠る」でしょうか。赤ちゃんは、1日に約16時間もの長い時間眠ります。1日の大半は眠っているといえます。ただし、**継続して長く眠るのではなく、3～4時間おきに目覚めるレム睡眠をくり返します。**寝ていた赤ちゃんが急に目を覚まして泣き出すことがありますが、これはレム睡眠中のため、少しの物音や刺激で目が覚めてしまうからです。

では、なぜ赤ちゃんはこんなにも長く眠るのでしょうか。それは、脳を発達させるためと考えられています。脳の発達とはつまり神経細胞同士が繋がっていくことを指しますが、神経細胞が繋がれば繋がるほど、知能や運動能力も高くなっていきます。

実際に、**神経細胞のネットワークは睡眠中に強化されているという研究もあります。**睡眠中の赤ちゃんの脳内では、ノンレム睡眠中は脳のなかで新しい神経細胞のネットワークを作り、レム睡眠のときは神経細胞のネットワークが取捨選択されているという説があります。

いずれにしても、赤ちゃんの脳の発達には睡眠がとても大事だということがわかります。「寝る子は育つ」といいますが、この言葉はある意味本当かもしれませんね。赤ちゃんの脳は短期間で急成長するので、新生児期の睡眠は特に重要だといえるでしょう。

寝ている間に神経細胞のネットワークが強化されている

また、赤ちゃんは夜泣きをしますが、これにも理由があります。生まれたばかりの赤ちゃんは、「朝起きて、夜眠る」という体内時計の仕組みがまだ整っていません。体内時計の仕組みは、成長するにつれて次第にできあがっていきます。そのためには、日中は明るい環境で過ごし、夜はできるだけ静かで明るすぎない環境で過ごす環境作りをしてあげることが大切です。

近年では、赤ちゃんの体内時計のサイクルを整える方法として、「明かりの色」の効果が着目されています。これは、青い光より赤い光を浴びたほうが夜ぐっすり眠れるということです。夜間は照明を淡い光に変えるなど工夫するといいようです。

SUIMIN HIMITSU

08 動物たちの睡眠時間は？

最も睡眠時間が長いのはコアラで 1日に20～22時間ほど眠る

私たち人間の睡眠時間は平均8時間ほどですが、動物たちの睡眠時間は個性豊かです。**睡眠時間が最も長い動物はコアラで、なんと20～22時間ほど。**1日のほとんどを寝て過ごします。これは、コアラの主食であるユーカリの消化が難しく、エネルギーを得るまでに時間がかかることが原因と考えられています。消化できてもユーカリは栄養価が低いため、たくさん体を動かすとすぐにエネルギー不足になってしまいます。

反対に、**睡眠時間が短い動物にはアフリカゾウやキタゾウアザラシなどがいます。1日2時間ほどしか眠りません。**ウマも睡眠時間が短く、3時間程度です。動物の睡眠時間は草食動物か肉食動物かで大きく異なります。**草食動物は肉食動物よりも睡眠時間が短い傾向があります。**草食動物が長く眠ると肉食動物に襲われる危険性があるほか、食事に時間がかかり睡眠にあてる時間がなくなってしまうためです。

POINT

睡眠時間の差は体の大きさも関係する

動物の睡眠時間を比べると、ネズミなど小さな動物ほど睡眠時間が長く、ゾウのように大きい動物ほど睡眠時間が短い傾向にあります。体が小さいと、相対的に表面積が大きくなりエネルギー消費量が多くなるためです。じっとして動かなければエネルギー消費量を抑えられるので、睡眠時間が長くなると考えられます。反対に体が大きいと表面積が小さくなり、エネルギー消費量も少ないので、睡眠時間が短くなると考えられます。

09 野生の動物はどこで寝ているの？

意外と知らない動物たちの寝床

動物園でおなじみの動物たちは、よく寝ている姿を見かけますが、実際に自然のなかで暮らす野生の動物たちは、どこでどのように寝ているのでしょうか？

私たち人間の身近にいる動物として、街中でよく見かけるハト（ドバト）やカラスも、意外とどこで寝ているのか知っている人は少ないと思います。**ハトは暗くなると、橋の下や大きな建物の軒下などに移動して眠ります。**カラスたちも昼間は街中にいますが、夕方になるとねぐらに戻って眠り、朝になるとエサがとれる場所に集団で通勤する、という生活をしています。

鳥類でなくても、木の上で寝る動物もいます。**チンパンジーやナマケモノ、コアラなど、木登りが得意な動物は、外敵を避けるために木の上で寝ています。**

野生のゾウやキリンは、その生息地で眠りますが、外敵が多いため熟睡することはありません。何かあったらすぐに逃げられるよう、立ったままうとうとしています。とくにキリンは背が高いため、立ったまま木にもたれて眠ります。

サバンナには、そんなキリンやアフリカスイギュウなどの大型哺乳動物をねぐらとしている鳥が存在します。例えばキバシウシツツキという小型の鳥は、外敵から身を守るために大型哺乳類の首や足、背中で眠ります。そして、大型哺乳動物に棲みつくダニなどをエサとして食べています。

魚たちの寝床は、もちろん水のなかですが、海のどこで寝るのかは種類によって異なります。例えば、カワハギの仲間は海藻につかまって眠ります。チンアナゴなどは、土のなかに潜って寝ています。最も多いのは岩かげなどに隠れて眠るパターンですが、マグロやカツオなど、泳ぎながら眠る魚も少なくありません。ほかにも、サンゴ礁やイソギンチャクなどを寝床として棲まわせてもらっている魚もいます。その代わりに外敵から守ってあげています。

10 冬眠って何？

冬眠する主な哺乳類

寒い冬を越すためになるべく動かず エネルギーを使わないように冬眠する

冬眠とは、**生き物が体の活動を停止させて冬を越すことをいいます。**寒い冬はエサとなる生き物や植物が少なく、生きていくには過酷な時期です。再び暖かくなるまで、生き物たちは木のうろ（幹に空いた穴）や洞窟、地面の下などで眠ります。

冬眠中の生き物はあまり動きませんが、寒すぎて動けないわけではありません。**冬眠中は食事ができず、十分なエネルギーを得られないため、少ないエネルギーでも生きていけるよう、なるべく動かずに厳しい寒さを乗り切っているのです。**ただ動かないだけではなく、呼吸や消化といった体の働きも抑えられています。

すべての生物が冬眠をするわけではありません。私たち人間は冬眠をせず、1年中活動しますが、同じ哺乳類であるクマやリス、ネズミ、コウモリなどは冬眠をします。哺乳類以外にも、カエルやヘビ、トカゲ、カメなどの両生類・爬虫類の仲間にも冬眠をする種類がいます。

冬眠する主な両生類・爬虫類

11 クマ、シマリス、カエルの冬眠の仕方

クマは栄養を蓄えて冬眠し食事も排泄もしない

クマは冬になるとエサがなくなるため、エサが増える時期まで冬眠をしています。クマの種類や生息地の気候によって冬眠の時期は異なり、日本で暮らすツキノワグマの冬眠期間は11月から3～4月頃まで。冬眠前には食事をたっぷりととり、体を太らせます。クマの冬眠場所は、木のうろや洞窟などです。栄養を蓄えたクマは冬眠場所に潜り、そのまま眠りにつきます。**冬眠中のクマは体温が下がり呼吸も少ない状態で、食事も排泄もしませんが、まったく動かないわけではありません。冬眠中のクマは眠りが浅く、危険を察知するとすぐに目覚めます。**

また、外敵が少なく体に栄養が蓄えられた冬眠中は、出産にうってつけの時期です。そのため、クマのメスは冬眠しながら出産し、授乳や子育てまで行います。なお、すべてのクマが冬眠をするわけではありません。もともと寒い地域で暮らしているホッキョクグマは冬になってもエサがなくならないため、冬眠をしないことがわかっています。

シマリスは眠る時期と目覚める時期をくり返す

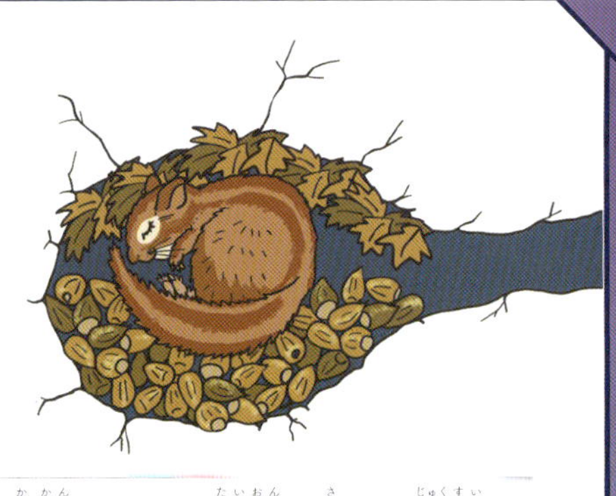

冬眠中のシマリスは眠る時期と目覚める時期をくり返しています。冬眠中のクマの体温が約30度であるのに対し、シマリスは約6度。6日間しっかりと体温を下げて熟睡し、1日だけ元の体温（約37度）に戻して食事をとります。シマリスは体が小さいので、クマのように冬眠中の栄養をまとめて蓄えることができないのです。シマリスの冬眠期間は、10月から4月ごろまで。**6日間寝て1日起きるサイクルをくり返し、冬眠期間は200日間にもおよびます。**また、リスにも冬眠をする種類としない種類があります。

カエルは寒さの影響を受けにくい場所でじっとする

両生類のカエルもまた、冬眠をする生き物です。気温に体温が左右されないクマやリスとは異なり、カエルは寒くなると気温につられて体温が下がります。そのため、寒い時期には体が冷え切って、満足に食事をとることもできません。**寒くなる前にエサをたくさん食べてエネルギーを蓄え、寒くなってきたら地下や水底、岩のかげなど、寒さの影響を受けにくい場所でじっとしています。**カエルの冬眠期間も、種類や生息地によってさまざまです。ヒキガエルは気温が6度を超えると一斉に冬眠から目覚めることがわかっています。

12 イルカなどの鯨類や鳥類は片側の脳で寝ている

大脳の左側と右側が交互に寝て飛ぶ、泳ぐなどの活動を続ける

テレビやスマホの電源を切るように、睡眠中は脳の機能がすべて停止したようになっていると思っていませんか？ 実は、一部の動物はひとつの脳を起きている状態と眠っている状態に分けることができます。脳にある「大脳」と呼ばれる部分は左側の左脳と右側の右脳に分かれます。

右目を閉じているときは左脳、左目を閉じているときは右脳で寝ています。

人間のように両方の脳が眠っている状態を「全球睡眠」といいます。それに対して、片側ずつ交互に眠る睡眠のことを、「半球睡眠」といいます。

半球睡眠をするのは、「長時間眠り続けることができない」という状況に置かれることが多い生き物です。そのような状況でもしっかりと脳を休めるために、半球睡眠が生み出されたと考えられています。

半球睡眠をする動物として有名なのは、イルカやクジラです。イルカやクジラは海で暮らしていますが、魚のようなエラ呼吸はできません。定期的に海面に浮上し、肺呼吸をする必要があります。ぐっすりと眠り込んでしまったら、肺呼吸ができずに死んでしまうでしょう。そこで、脳が半分起きている状態にして、眠りながら浮上して呼吸ができるようにしているのです。また鳥類のなかにも飛びながら半球睡眠をする種類がいます。

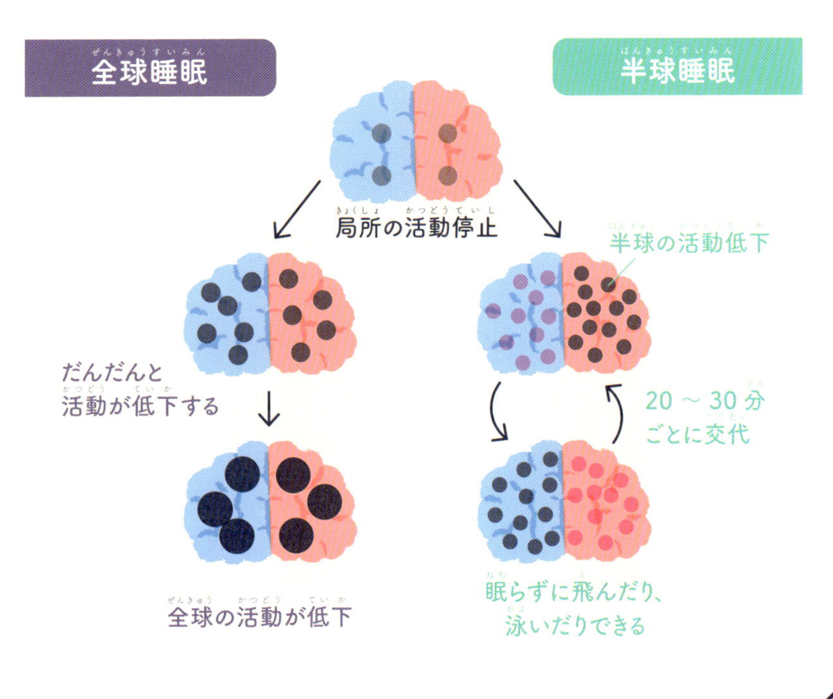

SUIMIN HIMITSU

13 いびきのメカニズムは？

いびきは睡眠の質を低下させ、慢性的な睡眠不足や集中力の低下を起こす

夜、一緒に寝ている家族のいびきの音が気になって眠れない、という経験をした人は多いと思います。なぜ、いびきをするのでしょうか？ 静かに寝入っているとき、鼻や口から入ってきた空気は、起きているときと同じように抵抗なく肺へと入っていきます。ところが、睡眠中に気道（空気

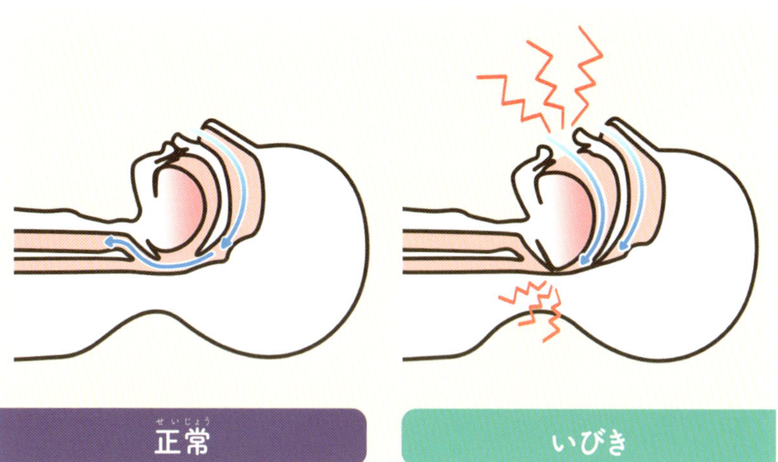

正常

鼻から入った空気が、のどを通って正常に肺へおくられる

いびき

気道がせばまり、空気によってのどの周囲が振動し、音が出る

の通り道）のうち、**のどのあたりがせばまって、空気の流れに抵抗が生じていると、狭いすき間を空気が無理やり通っていくので、のどの周囲が振動して、大きな音が出るのです。**

いびきは睡眠の質を低下させ、慢性的な睡眠不足を招いたり、日中の集中力の低下につながったりします。子どもは基本的にいびきをかきませんが、激しいいびきをかいている場合は、注意が必要です。

また、**さらに気道がせばまると、睡眠時無呼吸症候群になることもあります。**睡眠中に何度も呼吸が止まる病気です。呼吸をしないと酸素が不足するので、寝ても体が十分に休まらず、日中に強い眠気や疲労感が残ります。さまざまな病気への影響も見られます。男性に多いので、お父さんが大きないびきをかいていたり、呼吸が止まっていたりしたら、睡眠時無呼吸症候群の可能性があります。

POINT

気道をせばめないように気をつけよう

いびきはどのように対策をすればいいのでしょうか？ まず、寝るときは横向き、またはうつぶせで寝るといいでしょう。舌の根元などが重力で下がって気道をふさぐのを軽減することができます。

大人の方は、アルコールを控えましょう。アルコールはのどの周囲の筋肉を弛緩させ、あおむけ時に気道をせばめることになります。また、肥満は睡眠時無呼吸症候群の原因となることがあるので、太っている人は減量が一番の対策になります。

14 なぜ眠気が起こるの？

ししおどしのように眠気が十分にたまると眠りに落ちる

夜、いつもより遅くまで本を読んだり、勉強をしていたりすると、ふいに眠気が訪れて、気づいたらそのまま眠ってしまった……という経験はありませんか？ ほぼ毎日同じ時刻に眠気が訪れ、同じ時刻に自然と目覚めるのはなぜでしょうか？ 実は眠気の仕組についてはよくわかっていないことが多いのですが、仮説が2つあります。

まず、**恒常性制御という考えがあります。これは眠らないでいると、だんだんと眠気がたまっていき、やがて眠くなるという仕組です。**眠気が十分

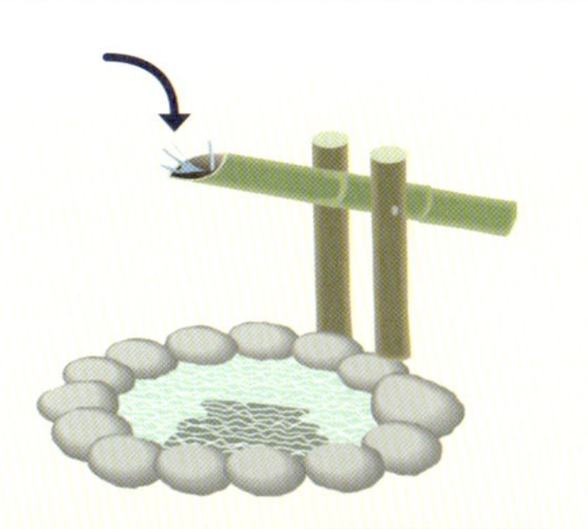

覚醒

十分に睡眠をとると覚醒する。ししおどしに水がたまっていくように、眠気が少しずつたまっていく

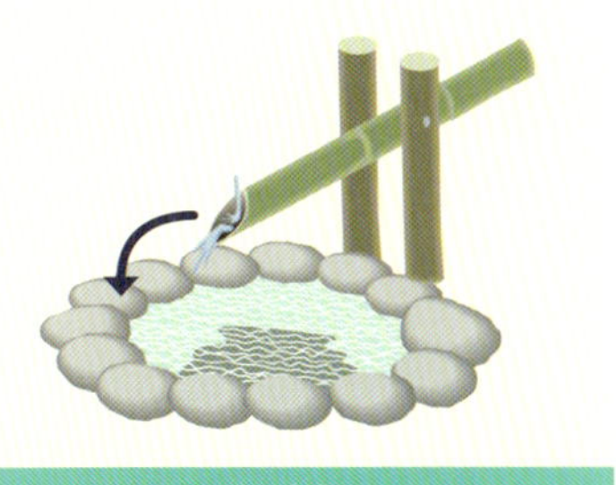

睡眠

ししおどしに水がたまると、水の重みで竹筒が傾くように、眠気が十分にたまると眠りに落ちる

にたまると睡眠が始まります。そして、ひとたび眠りに入ると眠気は解消し、十分な時間の睡眠をとると、再び覚醒するというわけです。これは日本庭園にある、ししおどしのようなイメージです。ししおどしは、竹筒に水が少しずつたまっていき、十分にたまると、その重みで竹筒が傾いて「カコーン」と風流な音が鳴ります。

もうひとつ、**体内時計も眠気に関係があると考えられています。体内時計は1日のリズムを生み出す仕組みです。**覚醒シグナルの波を作っていて、午後9時頃にピークを迎えます。それ以降は眠気が十分に解消されるまで睡眠が続きます。

睡眠に関わるホルモンの分泌で睡眠と覚醒がうながされる

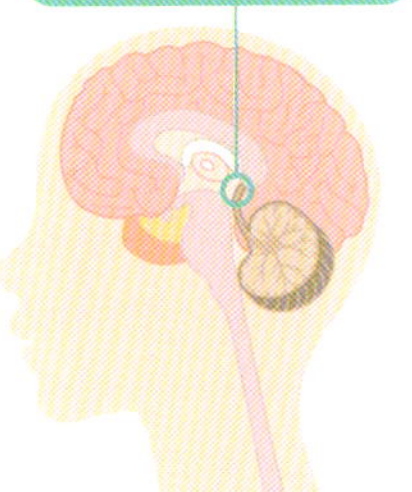

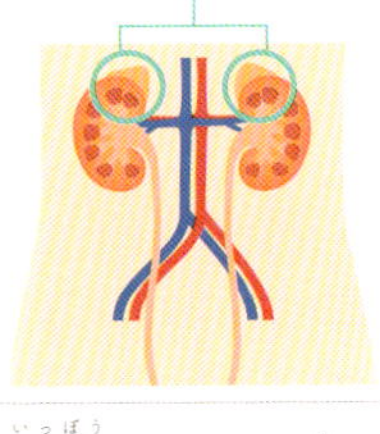

睡眠にはホルモンも関わっているといわれています。ホルモンとは、体のさまざまな機能を調節している物質の総称です。睡眠に関わるものとして、入眠を促すメラトニンと、覚醒を促すコルチゾールが有名です。メラトニンは、脳の松果体から分泌され、昼間は少なく、夜間に多くなります。メラトニンは、明るい光の下では分泌を抑えられるという性質があります。メラトニンの分泌を妨げず、入眠をサポートしてもらうには、消灯した暗い部屋で寝るといいでしょう。一方、コルチゾールは、腎臓の上にある副腎皮質から分泌され、交感神経を刺激する働きがあります。交感神経が活発になると、体の動きが活発になります。夜間は分泌量が少なく、朝方になると多くなります。

SUIMIN HIMITSU

15 良い睡眠をとるにはどうすればいい？

明るさや音、温度など室内の環境を快適な状態にしよう

睡眠の質を高めるには、睡眠環境を整えることが大事です。

まず、自分自身に必要な睡眠時間を知ることからはじめましょう。必要な睡眠時間は、年齢や個人によって大きく異なります。２週間分の睡眠時間を記録して確認してみましょう。**必要な睡眠時間がわかると、何時に就寝すればいいか、お風呂や食事、勉強の時間なども逆算してわかります。**余裕をもって就寝することで、リラックスした状態で眠りに入ることができ

ます。
寝室の環境を整えることも大切です。寝るときは真っ暗がいい人もいれば、少し明るいほうが安心して眠れるという人もいると思います。どちらにしても、**光は睡眠を助けるメラトニンの分泌を妨げて睡眠に悪影響をあたえるので、就寝時の室内は暗くして、明るくしたい人は最小限の明るさにするといいでしょう。**反対に、朝の光は正常な睡眠リズムを作るために大切なので、カーテンは多少光を通すものが適しています。

快眠の3条件

①暗いこと
②静かなこと
③快適な温度と湿度を保つこと

光だけでなく音も睡眠を妨げてしまうので、静かな環境で眠るようにしましょう。よく時計の針のカチカチという音が気になるという人がいますが、秒針の音がしないタイプに替えるなど静かな環境を整えましょう。
温度や湿度も睡眠の質に影響します。暑すぎず、寒すぎない室温になるようにしましょう。最近では、真夏に気温が高すぎて室内でも熱中症になることもあるので、夜の間中エアコンをつけることが推奨されていますが、夏でも冬でも快適に感じる温度・湿度を保つように意識しましょう。

POINT
就寝の2～3時間前にはスマホやゲーム機をやめるようにしよう

寝る前にスマホやテレビを見ると、なかなか眠りにつくことができず、睡眠時間が短くなったり、睡眠の質が低下したりするといわれています。特にスマホやゲーム機は手に持つので光が目に近く、画面が明るいので、体内時計を狂わせ、睡眠を妨げる可能性があります。就寝の2～3時間前にはスマホやゲーム機などの使用はやめるようにしましょう。

SUIMIN HIMITSU

16 良い睡眠をとるための生活習慣は？

適度な運動習慣を身につけよう

睡眠は、日中の活動で消耗した体力を回復する役割もあります。**日中にしっかり体を動かして、適度に疲労をためておくと睡眠の質を高めることができます。**学校や公園で友達と遊んだり、スポーツをしたりするといいでしょう。ウォーキングやジョギングのような有酸素運動も効果的です。反対に、寝る直前の激しい運動は興奮して眠れなくなるのでさけましょう。

入浴するときは湯船に浸かってリラックスしよう

入浴で体をしっかりと温めると、リラックスにつながり副交感神経が働きます。シャワーだけで済ませるのではなく、湯船に浸かるようにしましょう。ただし、熱いお湯だと交感神経が働いてしまうので注意しましょう。

規則正しい生活をしよう

規則正しい生活をすることは、夜の快眠につながります。**特に朝食をしっかりと摂ることが体内時計のリズムを正常に保つのに良い影響をあたえます。**反対に就寝する直前に食事をすると体内時計を狂わせる可能性があります。

カフェインの摂取に注意しよう

カフェインには覚醒作用があり、眠りの質を低下させる可能性があります。カフェインが含まれている飲料はコーヒーや緑茶、紅茶、エナジードリンクなどがあります。大人に比べて子どものほうがより少ないカフェイン摂取量でも影響を受けるといわれているので、**カフェインが含まれている飲料を飲むときは注意しましょう。**

「寝る子は育つ」は本当？

「寝る子は育つ」ということわざを、一度は耳にしたことがあるでしょう。しかし、このことわざは実際に科学的に正しいのでしょうか？ 結論からいうと、このことわざは正しいといえます。その根拠となるのは、「成長ホルモン」の存在です。睡眠中に分泌される成長ホルモンは、軟骨に働きかけて骨の成長を促進するため、身長を伸ばすのに欠かせません。

特に眠りについてから約2時間ほどで、成長ホルモンの分泌量はピークを迎えます。成長ホルモンは深い睡眠に入っているときにより多く分泌されると考えられているので、単に睡眠時間を長くとればいいというわけではなく、生活リズムを一定にするなど、睡眠の質を高めることも重要です。

逆に睡眠不足は、子どもの成長を遅らせるだけではなく、「集中力・記憶力が低下する」「イライラしやすくなり、落ち着きがなくなる」「免疫力が低下する」など、さまざまな悪影響をおよぼします。

第2章
睡眠にまつわるあれこれ

17 朝型・夜型の人がいるのはなぜ？

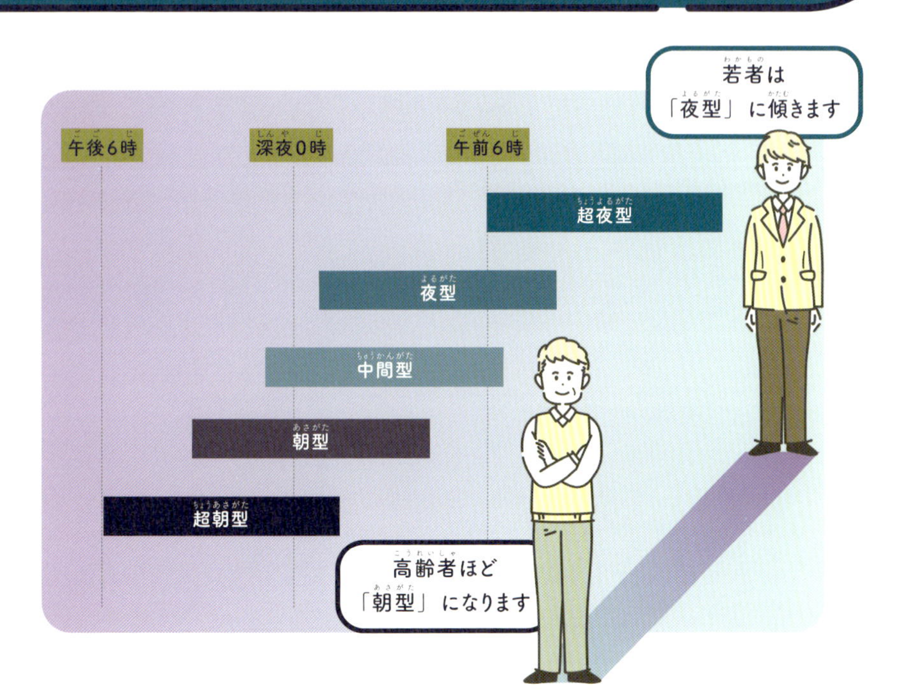

朝型になるか夜型になるかは遺伝子が関係している

早寝早起きの人を朝型、遅寝遅起きの人を夜型ということがあります。「朝早く起きようと努力しても、どうしても早く起きられない」「朝は苦手だけど、午後から夜にかけて活動的になる」という人は、もしかしたら遺伝的に夜型人間かもしれません。**朝型か夜型かというのは単なる習慣ではなく、実は遺伝的に決まっている体質だと考えられています。**

眠気は体内時計の影響を受けますが、その24時間の周期には個人差があります。周期が24時間より短い人は朝型になり、24時間より長い人は夜型になる可能性があります。

朝型・夜型という分け方はクロノタイプと呼ばれますが、**このクロノタイプは300ほどの遺伝子の組み合わせで決まっているという研究結果があります。**

夜型の人が早起きをしようと意気込んで挫折してしまっても、遺伝的要因だから仕方がないということなのかもしれません。ある意味ほっとするような、残念なような話ですね。

朝型・夜型のほかに中間型もあります。自分のクロノタイプは、朝型夜型質問紙（MEQ）というテストで知ることができます。どのタイプでも、自分の体内時計のサイクルに合わせた生活を送っていれば、健康上の問題はありません。

年齢によってもクロノタイプが変わる

高齢者の方は早起きの人が多いですが、クロノタイプは年齢によって変化します。10代以降は夜型になりやすく、40～50代頃から朝型になる傾向があります。高齢者は体内時計のサイクル自体が短くなっていくので、その分早寝早起きになるのです。年をとると、眠りを促すホルモンであるメラトニンの分泌量が少なくなることも影響しています。

18 朝になると目が覚め、夜眠くなる体内時計

最初に体内時計が発見されたのは、人間ではなく植物だった

人間は、夜になると眠くなり、朝がくると目が覚めます。これはリズムを作ったり、ホルモンを分泌したりする体内時計の働きによるものです。体内時計が発見されたのは、植物が最初でした。18 世紀にフランスの天文学者ドゥ・マランが、**オジギソウ（ミモザ）が昼になると葉を開き、夜になると葉を閉じることを発見しました。**この動きは太陽に反応しているとマランは予想していましたが、暗い場所で栽培しても同じ動きをしたため、ほかに原因があるのでは、と考えられました。

それから 200 年後、ドイツの植物学者エルヴィン・ビュニングがインゲ

ンの葉の開閉に着目し、植物は体内に昼と夜を認識する機能をもっているのではないかと考え、体内時計を発見しました。

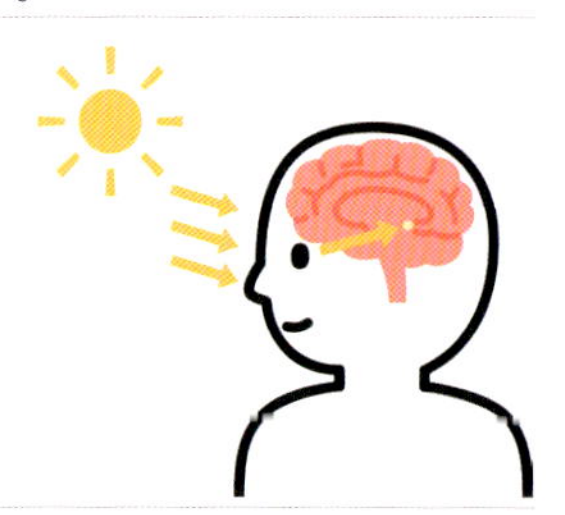

1日の体内時計の周期は約24時間12分

やがて人間の体内時計の研究も行われるようになり、現在では体内時計を整えることの重要性が広く知られています。1日は地球の自転周期である24時間ですが、人間の体内時計の周期は1日約24.2時間（約24時間12分）です。周期の長さは個人差がありますが、おおよそ地球の自転周期と連動しています。

体内時計が乱れた状態が続くと、睡眠障害やうつ病、肥満、がんなどの原因になります。**体内時計のずれを正すには、朝起きたら日光を浴びることが大切です。**脳のなかにある「松果体」と呼ばれる器官が日光を察知し、体内時計を調整しているといわれています。

POINT

変温動物は第3の目で日光を察知する

動物たちも、日光の大切さをよく知っています。トカゲをはじめとする一部の変温動物たちは、頭の上にある第3の目（頭頂眼・顱頂眼）で日光を察知し、体温調節に役立てています。

19 時差ボケが起こるのはなぜ？

体内時計のリズムが狂うと時差ボケになる

海外旅行の際、現地に到着したとき、または帰国したときに時間の感覚がおかしくなってしまうことがありませんか？ これを「時差ボケ」といい、**夜に眠れなくなったり、昼間に眠気を感じたりします。** 体内時計は、眠気だけでなく、食べ物を消化・吸収する腸の機能にも関係するため、時差ボケになると、食欲がなくなる人もいます。

では、なぜ時差ボケは起こるのでしょうか？ これには、人間の体内時計の機能が関係しています。人間は朝起きて、夜眠るといった規則正しいリズムで生活していますが、時差の影響を受けることによって、体内時計のリズムが狂ってしまうのです。

朝日を浴びると体内時計がリセットされる

時差ボケを治すには、どのようなことをすればいいのでしょうか？ それはなるべく日光を浴びるようにすることです。朝起きたときに朝日を浴びるようにすれば、体内時計がリセットされます。個人差はありますが、時差ボケは2週間ほどで治るといわれています。

POINT

コルチゾールというホルモンの分泌が原因のひとつ

体内時計のリズムが狂う原因のひとつにコルチゾールがあります。コルチゾールは交感神経を刺激するホルモンで、コルチゾールが血液に分泌される量は起床の少し前に最大になり、午後8時頃には最低になります。しかし、日本から海外へ行くと、現地時間とコルチゾールのリズムがずれてしまいます。そのため、寝ようとする時間にたくさん分泌されて目が覚めたり、反対に昼間に眠くなったりするわけです。

SUIMIN HIMITSU

20 不眠症などの睡眠障害とは？

不眠症には4つのタイプがある

　布団に入ってもなかなか眠れない、夜中に何度も目が覚めてしまうなど、**睡眠の量や質が十分でないため、日中に疲労を感じたり、日常生活に支障が出たりしている状態を不眠症といいます。**不眠症は、4つのタイプに分けられます。

　1つ目は「入眠障害」です。いわゆる“寝つきが悪い”状態で、悩みごとや考えごとがあり強い不安や緊張を感じているときに起こりやすいといわれています。一般的に、健康な人が消灯してから実際に眠りにつくまでは30分以内とされており、入眠までに30分から1時間以上かかる日が続く場合には、入眠障害の可能性があります。

2つ目は「中途覚醒」です。夜中に何度も目が覚めてしまって、その後なかなか寝つけない症状を指します。一般的に、年齢が上がるほど眠りが浅くなりやすいといわれており、中高年や高齢者に多く見られます。日中に眠気が残りやすいのも特徴です。

3つ目は「早朝覚醒」。朝早く、予定していた時間よりも早く目が覚めてしまう症状です。目が覚めてしまった後にもう一度眠ろうとしても、再び眠ることが難しいか、眠れたとしても熟睡できないことがあります。中途覚醒と同じく高齢者に多く見られますが、うつ病の典型的な症状ともいわれています。

4つ目は「熟眠障害」です。睡眠時間は足りているはずなのに、ぐっすりと眠れていない状態を指します。眠りが浅かったり、睡眠が中断されたりすることで、「眠った気がしない」「寝ているのにまったく疲れが取れない」と眠りに満足感が得られません。

子どもにも見られる睡眠障害の例

ほかにも、子どもにも見られる睡眠障害があります。例えば、むずむず脚症候群は、その名の通り、寝ていると「足がむずむずする」「足に虫がはっているような感覚がする」など、不快な感覚があり足を動かさずにいられなくなり、眠りにつけない状態を指します。これは足以外に表れることもあり、子どもの場合、痛みや熱さ、かゆさとして訴えることもあります。

21 金縛りが起こるのはなぜ？

心霊現象ではなく、強いストレスや疲労などが原因で起こる

あなたは金縛りにあったことがありますか。**金縛りとは、睡眠中で体は動かせないにもかかわらず、意識がはっきりとしている状態のことです。**息が苦しい、声が出ないなどの症状が表れることもあります。ハッと目を覚ましたときに体が動かず声も出ない状態になっていると、強い恐怖を感じてしまいますよね。

金縛りが起こるのは、幽霊などの心霊現象だと思っている人もいると思います。「金縛り」という名前も、仏教の不動明王が使う悪魔を縛るための技が名前の由来で、古くから人間の力を超えるものだと考えられていたことがわかります。

ところが医学の進歩により、**金縛りは心霊現象などではなく、強いストレスや疲労が原因となっていることがわかりました。**金縛りは珍しいものではなく、多くの人が経験しています。

私たち人間の睡眠は、基本的に眠りについた直後はノンレム睡眠の状態です。しかし、強いストレスや疲労などによって睡眠のリズムが崩れると、眠りはじめてすぐにレム睡眠がやってくることがあります。すると、意識が比較的はっきりしているのに、力が入らず体が動かせない状態になります。これが金縛りが起こる仕組みです。金縛り中に何かが自分の上に乗っているように感じたり、黒い影や幽霊のようなものが見えたと感じたりするのは、一種の夢のようなものです。

金縛りが起こりやすいのは、睡眠不足の日が続いた後や、体が疲れているのに脳が興奮しているときなどが考えられます。睡眠の体勢では、あお向けがもっとも金縛りが起こりやすいといわれています。金縛りが起こるかどうかは自分でコントロールできるものではありませんが、規則正しい生活をする、ストレスを解消する、横向きで寝るなどを心がけると、金縛りが起こりにくくなるでしょう。

金縛りの主な症状

- 体が動かず、声が出ない
- 恐怖感がある
- 何かが乗っていたり、触られているように感じる
- 人や物の気配を感じる
- 幻覚や幻聴が起こる

金縛りが起こりやすい条件

- 夜、遅い時間に寝る
- 疲れがたまっている
- 嫌なことや心配事があり、ストレスがたまっている
- 生活が不規則、睡眠不足
- 1時間以上の長い仮眠をとる
- あお向けの体勢で寝ている

22 夢遊病やナルコレプシーなど生活に支障をきたす病気

夢遊病は、睡眠中に起き出して歩いたり、突然叫びだしたりする病気

睡眠中に起き出して、うろうろと歩いたりする病気を夢遊病といいます。**正式には睡眠時随伴症と呼ばれ、睡眠にともなって起こる異常な行動のことを指します。**そのなかで、例えば睡眠中に走り出すなどの症状が見られるものを睡眠時遊行症といいます。家から飛び出してしまうこともあり、気をつけないとけがや事故につながる危険があります。これらの症状は、ノンレム睡眠から不完全に覚醒している状態、つまり寝ぼけている状態で行っている行動です。

また、睡眠中に突然起き出したり、叫び声を上げたり、はげしく体を動かしたりと、パニックを起こしてしまう睡眠時驚愕症（夜驚症）もあります。

夢遊病の発症は4～8歳の時期に多く、10～30％の子どもが経験します。

しかし、成長するにつれて自然治癒していくことが多い病気です。

レム睡眠のときにも夢遊病の症状が出ることがあり、レム睡眠行動障害といいます。睡眠中に急に大声や寄声を発する、暴力的な行動をとる、ときには隣で寝ている家族をたたくなど、危険な行動に出ることが挙げられます。本人は無自覚なことが多いです。正常な睡眠であれば、レム睡眠時は体の筋肉が弛緩しているので、夢のなかで行動しても体自体は動きません。しかし、このレム睡眠行動障害の場合、筋肉を弛緩させる機能がうまく働かないために、夢のなかでの動きを現実に体現してしまうという特徴があります。こちらは中高年に多く見られます。

POINT

突然眠気が襲ってくるナルコレプシーとは？

突然眠気が襲ってきて、眠ってはいけない場面などでも眠気を抑えることができず眠ってしまう「ナルコレプシー」という病気もあります。

ナルコレプシーは、覚醒と睡眠を切り替えるうえで重要な役割を持つオレキシンという物質が脳内で作りだされなくなることによって起こるといわれています。大笑いしたときや驚いたときなど感情が大きく変化するときに急に脱力してしまう情動脱力発作も症状のひとつです。

23 時代とともに進化した寝具の歴史

日本では江戸時代頃に敷布団や掛布団が庶民に広まった

あなたは眠るときは布団ですか？ それともベッドですか？ 人間にとって睡眠と切っても切れない道具が寝具です。今でこそ高品質で多様な寝具が世にあふれていますが、昔の寝具事情はどのようなものだったのでしょうか。

世界最古のベッドと考えられているものは、およそ7万7000年前のもので、植物から作られていました。南アフリカのシブドゥ洞窟で発見されています。紀元前2000年頃には古代エジプト人が現在のベッドの原型といえるものを作っています。

古代の日本においては、地べたに筵を敷いて寝るのが主流だったようで、稲藁や毛皮を敷くこともあったようです。枕は草や石で作られていました。

平安時代には、畳を敷く文化が生まれましたが、裕福な層に限られていました。また、掛け布団が誕生するまでは、昼に着ていたものをかけて寝ていました。

戦国時代頃から、木綿の栽培に成功すると綿が普及し、「夜着」と呼ばれる寝具が誕生します。綿が入っていて、着物の形をしていました。現代のような敷布団や掛布団が庶民の生活に浸透したのは明治時代になってからのことです。

さらに、西洋文化の流入から日本にもベッドの文化が持ち込まれました。**昭和時代、高度経済成長期とともに、ベッドで就寝するスタイルが一般の人々にも普及。スプリング入りのマットレスが主流となり、多様な機能のマットレスも開発され、眠りの質を上げることが追求されました。**

クッション性のあるマットレスが作られより寝心地や睡眠の質が高まっている

21世紀になると、宇宙に対する関心の高まりも相まって、NASAが開発した低反発ウレタンに注目が寄せられました。元々は、宇宙での衝撃吸収を目的として開発された素材で、「圧がかかると沈む」という特徴が、低反発マットレスの開発に活かされたのです。やわらかな寝心地が高い人気を得ました。一方、**近年は高反発のマットレスに関心が寄せられてきています。特徴としては、「圧がかかると同じ力で押し返す」という点があります。**マットレスに腰が沈み込むことがないので、体がしっかりと支えられたまま眠りにつくことができます。腰痛などに悩む人に向いた素材だといえるでしょう。

このように、寝具は時代とともに改良されてきたことがうかがえます。ずっと同じものを使っている人も、寝具について少し見直してみるのもいいかもしれないですね。

SUIMIN HIMITSU

24 睡眠に関する習慣・文化

眠れない夜に羊を数えるのはなぜ？

眠らないといけないのに、どうしても眠れない……。そんな夜に「羊を数える」ということを誰しもやったことがあるのではないでしょうか。睡眠に関する最もメジャーな習慣ですよね。でも、どうして羊を数えるようになったのでしょうか。

実は羊を数えるという習慣は元々日本のものではなく、英語圏で考えられたものでした。羊を英語にするとsheepで、sleep（眠る）という単語に発音が似ています。sheep, sheep……と唱えているうちに、自己暗示がかかって眠くなるというところでしょうか。つまり、日本人が「羊が1匹、羊が2匹……」と数えても、実はあまり意味はないのではないかといわれています。

それどころか、眠れないからといって羊を数えることは、時として逆効果をもたらす場合もあります。眠れないことを考えないようにしようとすると、かえってそのことが頭から離れなくなってしまいます。**寝るためにはリラックスした状態になることが大切ですが、寝る前にあれこれ考えたり、眠れないことに意識を向けたりすることは、入眠の妨げになるといえます。**

子守唄はいつどこからはじまったの？

また、眠りに関しては「子守唄」を歌って子どもを寝かしつけるという文化があります。特に有名なものは、「ねんねんころりよおころりよ 坊やはよい子だねんねしな」と歌う「江戸子守唄」ではないでしょうか。この歌は江戸時代に流行し、人の往来とともに、歌詞やメロディーを少しずつ変えて日本各地に伝播していったようです。地方によって歌詞に違いがあるのはこのためです。

POINT

昼寝をする習慣「シエスタ」

睡眠に関する文化として、海外にも目を向けてみると、スペインには「シエスタ」という習慣があります。これは午後1時頃から2～3時間ほど長めの休憩を取る習慣で、短めの昼寝をする人もいます。スペインは気温が高く、日差しの強い気候のため、体調管理を目的として、このような習慣が根付いたようです。

25 眠りにまつわる神話や伝説は？

悪夢を消してくれる伝説の生き物と魔除けのアイテム

世界には眠りや夢に関するさまざまな神話や伝説があります。

例えば、日本では古代中国から伝わった、夢を食べる獏という想像上の生き物の伝承があります。**獏はゾウの鼻、クマの胴体、トラの脚、ウシの尻尾を持ち、悪夢を食べてくれるといわれています。**

獏の伝説が日本に広まったのは室町時代のこと。悪夢を払う霊獣として認識されていました。日本人も民間信仰として獏の存在を信じていたようです。例えば、眠るときに枕に「獏」と書いて寝るなどといった、まじないめいたことも盛んに行われていたようです。いい夢を見たいという気持ちは、昔の人も今の人も同じようです。

江戸時代に活躍した浮世絵師の葛飾北斎も、貘を描いています。想像で描かれたにもかかわらず、実在しているようなリアルさのある絵です。それゆえ、昔の人々は「貘は本当にいる」と余計に信じてしまったのかもしれないですね。

悪夢を消し去る魔除けのアイテムとして、アメリカの先住民であるオジブワ族の「ドリームキャッチャー」も有名です。蜘蛛の巣をモチーフにした飾りで、悪夢から身を守る魔除けとして寝床に下げてお守りとします。悪夢は網の目に引っかかって夜明けとともに消え去り、良い夢は網の目から羽を伝って降りてくるといわれています。

ギリシア神話に登場する眠りと夢を司る神たち

眠りに関する信仰は欧米諸国にもあります。ギリシア神話にはヒュプノスという眠りの神が登場します。夜が訪れるとヒュプノスが地底の宮殿から出てきて、人々に安らかな眠りを与えるとされていました。古代の人々は、眠りは神から与えられるものと思っていたようです。

ヒュプノスの息子たちは夢を司る神で、そのなかでもモルペウスという神は、夢を形作るといわれています。

26 SF映画に出てくる人工冬眠は可能？

人工冬眠に近い状態にする研究は進んでいる

SF映画を見ていると、「人工冬眠（コールド・スリープ）」が登場することがあります。**生きている人間を冷凍などによって眠らせた状態（冬眠状態）にして、長い時間が経った後に、再び目覚めさせるという技**

術として描かれることが多いです。眠っている間は体の老化が止まり、たとえ1000年後であっても冷凍したときと同じ肉体年齢で目覚めるのです。SF映画で人工冬眠が使用されるのは、宇宙船に乗ってはるか遠くの星まで旅をするために肉体の老化を止めたいときや、現在の医療では治せない病気に侵された人物を医療が進歩した未来まで生かしておきたいときなどです。

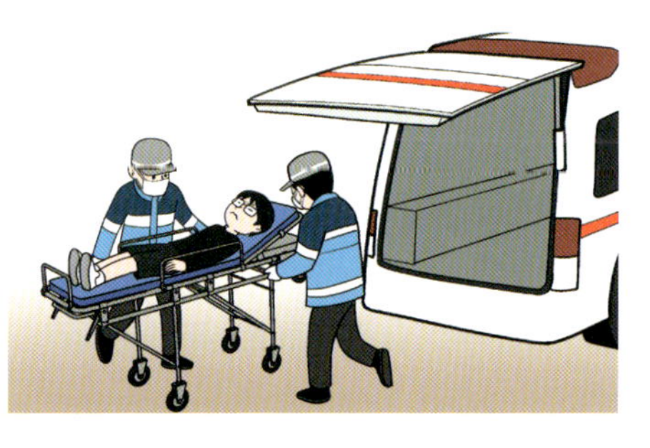

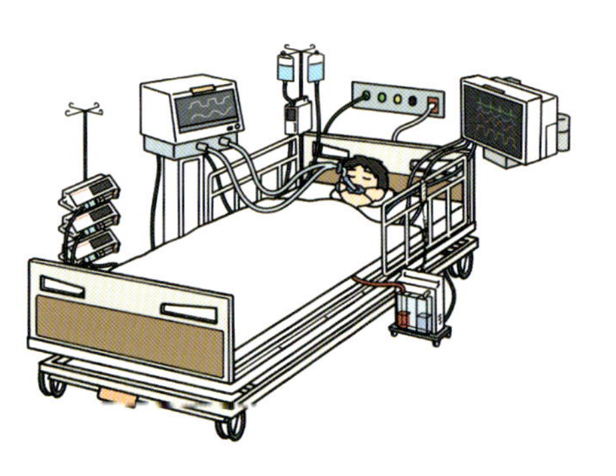

冬眠に近い状態が人工的に実現できれば、救急搬送や集中治療、臓器保存など臨床現場で応用されるようになるかもしれません。

残念ながら、現在の技術では映画のような人工冬眠はできません。冷凍できたとしても、冷凍前の体の状態を保って解凍することは不可能だと考えられています。

しかし「人工冬眠に近い状態」であれば、実現するかもしれません。マウスに硫化水素などの化学物質を投与して、低体温や低代謝の状態にするという研究があります。投与を止めると、元の状態に回復することが明らかになっています。

映画の人工冬眠のように数百年単位で眠らせることはできません。しかし、**ほんの数分間だけ冬眠状態にして、治療開始までの時間を稼いだり、重症化を遅らせたりする技術の研究が進められています。**さらに研究が進めば、宇宙開発にも役立てられるでしょう。

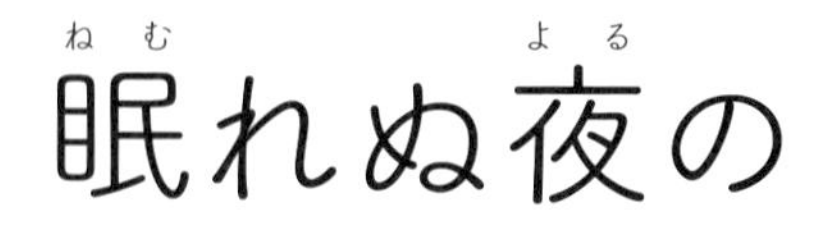

眠れぬ夜の音楽

音楽には人のメンタルに影響を与える力があるといわれています。元気を出したいときは明るい音楽、心を落ち着けたいときには静かで優しい音楽を聴く。そのなかで、眠れない夜には、クラシックを聴くのが効果的だといわれていて、睡眠のためのクラシック音楽を集めた音楽アルバムもたくさん発売されています。

では、なぜクラシック音楽が睡眠導入に効果的なのでしょうか。クラシック音楽には安定したリズムとメロディーという特徴があり、私たちの体がリラックスするのをサポートする効果があるようです。

クラシック音楽のなかでも、特にモーツァルトの曲を聴くとよく眠れるという説があります。これは、彼の曲には 1/f（エフ分の 1）のゆらぎがあるからだといわれています。1/fのゆらぎとは、規則的でない予測不可能な動きのことです。風の動きや、ろうそくの炎のゆれなど、1/fのゆらぎは自然界にたくさんあふれています。私たち人間は、この 1/fのゆらぎに対する感覚を潜在的に持っていて、このような現象に触れると、心が落ち着くといわれています。

第3章
動物たちの睡眠事情

SUIMIN HIMITSU

27 コアラはエサを消化するために1日中寝て過ごす

ユーカリの葉には毒性があり、栄養が少ないので消化に時間がかかる

　コアラといえば、ぬいぐるみのようなかわいらしい姿でユーカリの葉を食べているか、木の上で寝ている姿が印象的な動物ですが、1日に20～22時間は寝るといわれています。基本的に夜行性で、日が沈む頃に活動を始めます。

　長時間寝る原因は、主食のユーカリの葉にあります。**実はユーカリの葉には毒性があり、栄養が少ないため、消化には多くの時間とエネルギーが必要なのです。**そのため、コアラは1日の大半を休息に費やし、エネルギーを節約しています。

　普段は夜行性で、昼間は高い木の上でじっとすることで捕食者から身を守り、涼しい場所で体力を温存しています。コアラは木登りは得意ですが、もし昼間にユーカリの木を移動しようとして地上に降りたら、動きが非常に鈍いので、移動中に捕食者に襲われてしまうでしょう。

POINT

コアラは生き残るために毒性のあるユーカリを食料にした!?

　ユーカリには毒性があり、栄養が少ないのに、どうしてコアラはユーカリの葉を食べるのでしょうか？ 昔、コアラの先祖が生存競争に生き残るためにエサを求めて毒性のあるユーカリを食べるようになったと考えられます。コアラには、ユーカリを消化するための消化機能を持っているので、食料として確保することができています。

SUIMIN HIMITSU

28 ウシは食べた草を反芻しながらうとうと寝をする

ウシは2～3時間の睡眠とは別に8時間以上のうとうと寝をする

　食後にすぐ横になってゴロゴロしていると、「食べてすぐ横になると、ウシになるよ」と親に注意をされた経験があると思います。行儀が悪い、太りやすくなるからやめなさい、という戒めの意味が込められています。

のんびり寝ているイメージのあるウシですが、実際の睡眠時間は1日2～3時間ほどです。ウマなどと同じで野生の草食動物は外敵に狙われやすく、また草は栄養が少ないので食事に時間をかけてたくさん食べるため、睡眠時間が短いと考えられています。ちなみに、睡眠中はノンレム睡眠とレム睡眠をしているそうです。

短い睡眠以外に、うとうと寝の状態で口をもぐもぐさせて食べ物を反芻している時間もあります。反芻とは、一度飲み込んだ食物を胃から口のなかに戻し、再びかんでから、また飲み込むことです。

これをくり返すことで、食物をすりつぶして消化します。1日のうち、8時間以上を反芻に費やします。

また、ウシなど反芻をする動物には、第一胃から第四胃まで胃が4つあります。人間の胃に相当するものは第四胃ですが、その前に3つの胃があることで、効率よく草を消化することができるのです。

飼育されている乳牛は外敵に襲われることがないので、ゆっくりと横になった状態で反芻をします。

ウシの胃袋は全部で4つある

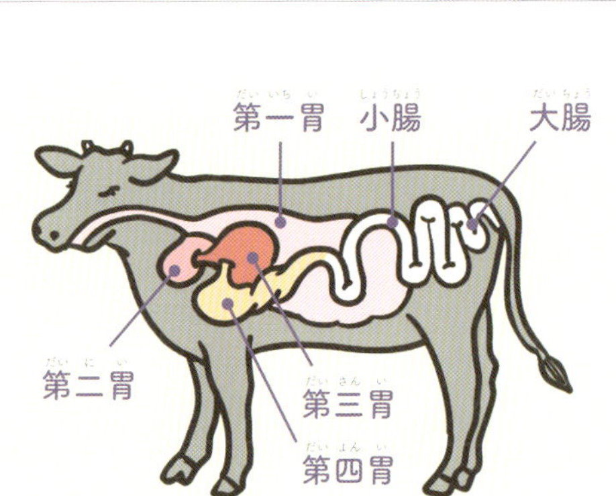

SUIMIN HIMITSU

29 ネコが1日中寝ているのはもともとハンターだから

まわりを警戒しながら寝ている

眠っているネコに近づくと、耳をぴくっと動かしたり、うす目を開けたりすることがあります。これは、ネコがまわりを警戒しながら寝ているからです。

狩りを成功させるために体力を温存している

ネコという名前は「寝る子」からきているという説があるくらい、ネコはよく寝ています。大人のネコは平均すると1日に14～16時間、子ネコは20時間くらい寝ていますが、長時間寝ているのにはわけがあります。**ネコはライオンやトラと同じ仲間で、肉食動物です。**野生のネコは、小さな動物を食料とするので、狩りをして生きていかなければなりません。鳥やネズミなどの動物をつかまえる見事なハンターになるためには、大変なエネルギーと集中力が必要です。だからネコは、**狩りをするとき以外は眠って体力を温存しているのです。**それから、いつでも狩りに成功するとは限らないので、獲物が見つからないときはむだにおなかをすかせないようにじっと寝ているという理由もあります。ペットとして人間に飼われるようになった家ネコは、狩りをしなくてもエサをもらえますが、このような習性が残っているから、やはり長く寝ているのですね。

POINT

ネコの目は暗いところでもよく見える

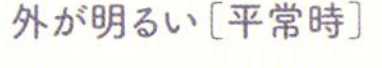
外が明るい［平常時］

外が暗い［興奮時］

昼間よく眠っているネコは夜行性だと思われるかもしれませんが、正確には、うす暗い明け方と夕暮れどきに活発に動く性質があります。

ネコの目は、暗い場所では瞳孔が大きく開き、キラリと光っているように見えます。これはネコの目のなかに、わずかな光にも反射する層があるからです。そのため、ネコは暗いところでもよく目が見えます。

SUIMIN HIMITSU

30 ライオンやヒョウなどのネコ科は木の上で寝る

地上にいるより安全な木の上で食事をしたり睡眠をとったりしている

ネコの爪は自由に出し入れができるようになっていて、木に登るときは爪を出して木に引っかけながら上手に登ります。同じように、ネコ科の仲間であるライオン、ヒョウ、チーターなどの多くは、木の上に登ることができます。

ネコ科のなかで唯一群れを作って暮らすライオンは大地の上で寝ていますが、群れごと木の上で寝ることもあるそうです。ウガンダにあるクイーン・エリザベス国立公園では、木の上で寝るライオンの姿がたくさん写真に撮られています。

特に木の上が好きなのはヒョウです。木の上で食事をしたり、眠ったりすることもあるのです。ヒョウは、アフリカ、アジアなどの広い地域に住んでいて、群れを作らず、一頭か親子で暮らしています。とらえた獲物は、ほかの動物にうばわれないように、木の上に運んで食べます。**高い木の上は、周りをよく見渡すことができますし、大きな動物が少なく、地上にいるより安全。木の枝が日よけにもなるので、ヒョウのお昼寝の場所としては最適のようです。**

ヒョウとよく似ている、アメリカ大陸に住むジャガーも、木の上にいる姿がよく見られます。ちなみにジャガーは木の上だけではなく、水に入ることも得意なので、魚やワニなどもつかまえることができます。

SUIMIN HIMITSU

31 体の大きな草食動物は睡眠時間が短く、立ったまま寝る

ちょっとだけ
眠ろう

食事と外敵への警戒のため、細切れに睡眠をとる

シマウマやウマなどの体の大きな草食動物は、基本的に立ったまま寝ています。そして、その睡眠時間は、1日分を合計しても2～4時間と、とても短いです。これには、いくつか理由があります。

草食動物の食べ物である植物は、肉と比べて栄養が少ないので、体の大きな草食動物は、しょっちゅう植物を食べてエネルギーを補給しなければなりません。**ゆっくり眠っていては、十分な栄養をとることができないのです。**そのため、草食動物は1日の大半の時間をムシャムシャと草などの植物を食べて過ごしています。

また、野生の場合は外敵に襲われる可能性があり、警戒しながら眠る必要があるため、睡眠時間が短いと考えられています。**それも、一度の睡眠は長くても30分程度で、細切れに睡眠をとっています。**

POINT

ウマは直立したまま3本の脚に体重を掛けて寝る

ウマは筋力を使わずに、直立した姿勢を保つことができるため、立ったまま寝ることができます。その場合でも、どれか1本の脚は体重を掛けずに休ませているそうです。リラックスした状態でまとまった睡眠をとる場合、横になって寝ることもあります。

32 ゾウやキリンの睡眠の仕方は？

ゾウは立ったまま眠る

ゾウはシマウマやウマと同じように立ったまま寝ることが多いです。周囲を警戒しながら、うとうとと寝ます。完全に横になって寝ることもあります。その場合はレム睡眠をしています。睡眠時間は合計すると2時間ほどです。また、**子どものゾウは、親に守られながら横になって寝ます。**

キリンは１日4～5時間しか寝ない

キリンを動物園で見るとき、ほとんど寝ているところは見たことはないと思います。**キリンは1回の睡眠が20分ほどで、1日に眠る時間をすべて足しても、平均4～5時間ほどしか寝ないからです。**ウマなどと同じで体が大きくて、エサである草を大量に食べ続けなければいけないため、睡眠時間が短くなっています。

では、首がとても長くて、動物のなかで一番背が高いキリンはどうやって寝ているのでしょうか？　睡眠の大部分は立ったまま行います。横たわって寝るときは、脚を折りたたんで、長い首をぐるっと巻いて寝ます。

SUIMIN HIMITSU

33

カバは陸上と水中の両方で眠ることができる

呼吸が必要になると無意識のうちに水中から浮上して呼吸する

カバは私たち人間と同じ哺乳類ですが、水のなかで1日の大半を過ごし、出産も水中で行います。草食動物なので、夜になると川や湖から少し離れた陸地に移動し、草を食べます。「哺乳類だから寝るときは陸上かな？」と思うかもしれませんが、カバは陸上だけでなく、水中でも寝ることができます。もちろん、魚のようなエラ呼吸はできません。

なんと、**カバは呼吸が必要になると睡眠中でも水面に浮かび、無意識のうちに呼吸をすることができるのです。**カバの鼻は頭部の高い位置にあるため、全身を水の外に出す必要はありません。必要な部分だけ出して呼吸し、その後は再び水中に沈んでいきます。そしてまた呼吸が必要になったら無意識のうちに浮上し、呼吸をして沈みます。眠りながら、ぷかぷかと水中と水面を行き来することができるのですね。

POINT

カバは実は泳げない？

1日の大半を水辺や水中で過ごすため、泳ぐのが上手だと思ってしまいますが、泳ぐというよりは、水中で走ったり、水底を蹴ってジャンプしたりするように移動します。また、一度息を吸うと、3～5分ほど水のなかに潜っていられます。

SUIMIN HIMITSU

34 コウモリは逆さまにぶら下がったまま眠る

熟睡しても落ちないような足の構造になっている

コウモリと聞くと、頭を下にして洞窟にぶら下がっている姿を想像するのではないでしょうか。私たち人間が逆さまの状態で何かにぶら下がると、頭に血がのぼって体調を崩してしまいます。しかし、コウモリは体が軽く、逆さまになっても人間のようには重力の影響を受けず、頭に血がのぼらないような構造になっているため、ぶら下がった状態で生活することができます。

眠っているときももちろん逆さまです。高い場所にぶら下がって寝ると敵から見つかりにくく、見つかったとしてもパッと飛び立てます。熟睡すると落ちてしまうのではないかと心配になりますが、**コウモリの足はぶら下がる部分をがっちりと掴んだとき、腱がのこぎりの歯のようなものを引き出して、足を固定する構造になっているため、ぶら下がるためにエネルギーを使わないようになっています。**疲れることも、うっかり落ちることもありません。

自然のなかで暮らすコウモリは洞窟などで眠りますが、人間の近くで暮らすコウモリもいて、その場合は建物の暗い場所で眠ります。

POINT

冬眠するコウモリもいる

コウモリは、睡眠時間が非常に長い生き物です。たとえばトビイロホオヒゲコウモリは1日20時間、逆さまの状態で眠ります。トビイロホオヒゲコウモリの主食は小さな蚊で、その蚊は1日4時間しか飛び回らないため、無駄なエネルギーを使わないようにしているのです。

コウモリには、冬眠をする種類も存在します。日本で暮らすコウモリの冬眠期間は、11月中旬から3月下旬頃までです。多くのコウモリは冬眠中も逆さまの状態ですが、近年、雪のなかで丸まって冬眠をするコウモリ（コテングコウモリ）がいることがわかりました。

35 ラッコは仲間と手をつないで眠る

寝ている間に遠くへ流されないように体を固定しようとする習性がある

海で暮らす哺乳類のラッコは、食事をするときも、寝るときも海の上。1日中、プカプカと海に浮いて暮らしています。水族館で暮らすラッコも水の上で眠りますが、仲間のラッコと手をつなぎ、なかよく眠る姿を見られることがあります。

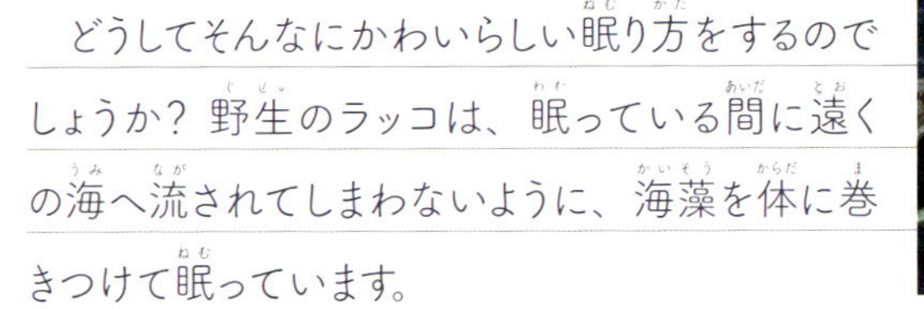

どうしてそんなにかわいらしい眠り方をするのでしょうか？　野生のラッコは、眠っている間に遠くの海へ流されてしまわないように、海藻を体に巻きつけて眠っています。

しかし、水族館には海藻はありません。そのため、**仲間のラッコと手をつないで体を固定しようとしているのです。**水族館ではどこかへ流されてしまう心配はありませんが、野生の習性が残っているのです。

POINT

ラッコの赤ちゃんはお母さんのおなかの上で眠る

ラッコの赤ちゃんは、海の上であお向けになったお母さんのおなかの上で眠ります。ラッコは主に北太平洋の寒い海に住んでいるので、保温のために体は上質な毛皮でおおわれています。赤ちゃんにとって、そんな毛皮でおおわれたお母さんのおなかは、ふかふかで最高のベッドなのです。

36 チンパンジーは自分でベッドを作って寝る

木の上で枝を集めて土台とクッションの二重構造のベッドを作る

ふとんやベッドを用意して、その上で寝るのは私たち人間だけではありません。実は、チンパンジーも寝るときにベッドを使っています。それも自分で作る、手作りのベッドです。

チンパンジーの寝室は、高い木の上。そこに木の枝を集めて、ネスト（巣）と呼ばれるベッドを作ります。野生のチンパンジーなら必ず毎日行います。

多くの木のなかから頑丈な木を選び、丈夫なベッドを作るようすは、さながら家具職人のようです。**頑丈な土台の部分と、クッションのようにふかふかした部分の二重構造で、ハンモックやゆりかごのようにおだやかにゆれ、快適な睡眠をもたらします。**

ちなみに、チンパンジー以外の大型類人猿（ゴリラやオランウータンなど）もベッドを作ることがわかっています。

POINT

4～5歳頃からベッドを作りはじめる

チンパンジーは生まれたときからベッドを作れるわけではありません。赤ちゃんの頃はお母さんと一緒に寝て、4～5歳頃から自分でベッドを作るようになります。お母さんがベッドを作るようすを見て、真似をしながら、少しずつ上手にベッドを作れるようになっていきます。見て覚える、といった修行の時期があるのも、まるで職人のようですね。

37 ナマケモノは野生の場合、意外と寝ていない

野生のナマケモノの睡眠時間は 9～10時間ほど

ナマケモノはほとんど動かず、動きがとてもゆっくりな生き物として有名です。その名の通り、「怠け者」のイメージがありますよね。**睡眠時間も約20時間だといわれています。**本当だとすれば、1日のほとんどを寝て過ごしていることになりますが、それは動物園などで飼育されているナマケモノに限った話です。

野生動物の多くは、長時間熟睡することはありません。野生には外敵が多く、熟睡すると命に関わるためです。しかし、人間に保護されると自分でエサを取らなくても食事にありつくことができ、外敵に襲われる心配もありません。そのため睡眠時間が長くなる傾向にあります。ナマケモノも同じで、動物園などで飼育されると睡眠時間が長くなります。

ナマケモノの主な生息地は、南アメリカの密林地帯。**現地で暮らすナマケモノの睡眠時間は1日約9～10時間と、人間より少しだけ長い程度。**それでも、やはり野生動物にしては睡眠時間が長いほうです。

POINT

ほとんど寝て過ごしているのはエネルギーを温存するため

ナマケモノがほとんど動かないのは、主食が木の葉っぱだからです。葉っぱは繊維が多く、消化に時間がかかります。そして、時間をかけて食べても、1日元気に体を動かせるほどのエネルギーはとれません。そこでエネルギーを温存するために、できるだけ動かずに眠って過ごしているといわれています。ナマケモノはたしかにゆったりと生きていますが、怠けているわけではなく、自分に合った生き方を実践しているのです。

38 マッコウクジラは海のなかで直立して寝る

酸素が必要になったときは、水面に鼻を出して呼吸する

大人のオスだと体長 15 ～ 18 メートルにもなるという巨大なマッコウクジラは、なんと水中で立つように寝ていることがあります。

「立つ」といっても、海の底に立っているわけではなく、水中にプカプカと垂直に浮いているのです。大人のクジラは、子どもを守りながら 40 ～ 50 頭の群れで泳ぎます。寝るときも群れになり、外敵から身を守っているわけです。ただしオスのクジラは、成長して大人になると、エサの多い場所を求めて群れから離れていきます。

クジラは人間と同じ哺乳類なので、魚のようなエラ呼吸ではなく、鼻から息を吸って肺で呼吸をしています。そのため、時々水上に出て外の空気を吸わなければなりません。**立ち寝をしているマッコウクジラは、酸素が必要になったときには垂直のまま、頭を水面に出して鼻で呼吸をします。**そしてまた海中へ戻っていきます。このように時々上がったり下がったりしながら、うたた寝をくり返しているのです。

POINT

クジラの鼻はどこにある?

寝ている間も鼻で呼吸するマッコウクジラですが、鼻の位置は頭の上です。クジラが時々、頭の上からプシューっと潮を吹く「潮吹き」をしますが、実は水を噴き出しているわけではなく、鼻から息を出しているのです。水面に出て息を吐くときに、周辺の水が飛び散って吹き上がっているように見えるわけです。

SUIMIN HIMITSU

39 キタゾウアザラシは寝ながらクルクルとらせんを描くように潜る

外敵であるサメやシャチが来られない深海に潜って熟睡する

キタゾウアザラシは繁殖期以外の睡眠時間が1日2時間ほどで、まとめて眠るのではなく、20分未満の睡眠を何度かくり返します。そして、「スパイラル睡眠」と呼ばれる独特の眠り方をします。眠くなったキタゾウアザラシが最初にすることは、時間にして約10分、300メートルほどの潜水です。この時点ではまだ眠りが浅く、自分の体をコントロールできます。やがて十分に潜水したキタゾウアザラシは、頭を下に向けます。**目を閉じて深い眠りにつき、枯葉のようにクルクルとらせんを描きながら深海に落ちていきます。この眠り方をスパイラル睡眠といいます。**

なぜ、このような睡眠をするかというと、キタゾウアザラシの敵であるサメやシャチなどはそこまで潜ることができず、体をコントロールできないほど熟睡しても、潜水の得意なキタゾウアザラシにとっては深海に落ちながら眠ったほうが安全だからです。

POINT

繁殖期になると陸地に上がり、1日10時間以上眠る

キタゾウアザラシは1年のほとんどを海中で過ごしますが、繁殖期になると陸地に上がります。海中では1日2時間程度しか眠らないキタゾウアザラシが、陸地では1日10時間以上眠ります。大人のオスの鼻がゾウの鼻に似ていることが名前の由来ですが、繁殖期になるとオスは鼻を膨らませ、ほかのオスと戦いをくり広げて結婚相手を探します。

SUIMIN HIMITSU

40

野生のフクロウをあまり見かけないのは夜行性のため

暗闇のなかのハンターとして 主に夜に活動をする

家の近くなど身近な場所でフクロウを見たことはありますか？ 動物園やペットショップでしか見たことがない人もいるかもしれません。実は日本の自然には、フクロウ、トラフズク、オオコノハズク、リュウキュウコノハズク、シマフクロウなど、さまざまフクロウが暮らしています。

深い森のなかだけではなく、大きな木が多い神社の森のなかにも、フクロウは住んでいます。こんなにたくさんのフクロウがいるのに、あまり見かけないのはなぜかというと、フクロウは主に夜、活動をしているからです。

夜はフクロウが大好物のネズミも動き回る時間帯。暗闇のなかのハンターとなったフクロウは、顔の正面についた大きな目でしっかりと獲物をとらえて飛びつきます。

そうして夜が明けると、木の上の高い所や木のうろなどの巣のなかで、眠りにつくのです。

POINT

敵に見つからないように フクロウの羽の色は地味な色が多い

フクロウの羽は茶色や灰色など、とても地味です。それぞれが巣を作る木の幹と、羽の色や模様がそっくりなフクロウがたくさんいて、遠くから見ると風景に溶け込んでいるように見えます。鳥のなかには、黄色や緑などきれいな色の鳥もいますが、もし昼間に寝るフクロウがそんな派手な色をしていたら、すぐにほかの動物に見つけられてしまって、うかうか寝ていられません。夜行性で昼間に寝るフクロウには、そう簡単に見つからないような知恵と工夫が備わっているのです。

SUIMIN HIMITSU

41

フラミンゴは1本脚で立ったまま寝る

つま先立ちで寝ている!?

フラミンゴのひざのように見える部分は、実はかかとです。かかとから先のつま先部分で立って寝ています。

体が冷えないように片脚を羽毛のなかで保温している

細長い1本脚でスッと立つフラミンゴは、寝るときも1本脚のまま寝ます。そもそもなぜ片脚立ちなのでしょうか？ フラミンゴは、浅い湖などの水辺に暮らしています。体は羽毛に包まれていますが、脚には毛が生えていないので、そのままにしていると熱がうばわれて、体全体が冷えてしまいます。そこで**片脚を羽毛のなかにしまいこむように折り曲げて、保温しながら、1本の脚だけで立っているといわれています。**

なかには片脚立ちではなく、脚を前に折り曲げて寝るフラミンゴもいます。脚の中間あたりに関節があって、そこから前に折り曲げることができます。私たちから見るとその関節はひざのように見えるので、「関節が逆に曲がっている!?」と驚くかもしれません。でも、ひざではなく、人間でいうところのかかとなのです。そこから下はすねではなく、足の甲にあたります。つまり、**フラミンゴは1本脚で立っているだけでもすごいのに、さらにつま先立ちをして寝ているわけです。**

POINT

1本脚をときどき入れ替えながら休んでいる

1本脚で倒れないかと心配になりますが、フラミンゴにとっては、1本脚のほうがむしろバランスよく楽に立っていられるという研究結果もあります。2本の脚で立つときよりも、重心がぶれずに立っていられるのだそうです。そして、ずっと同じほうの脚で立っているのではなく、ときどき左右を替えながら、順番に脚を休めているようですよ。

42 渡り鳥は列をなして飛びながら寝る

飛行中に短い時間熟睡して、睡眠と安全確認を両立している

何日間も空を飛び、地球を半周するほどの距離を移動することもある渡り鳥。陸の上を通るときは良いものの、しばらく陸のない海の上などを飛ぶときは、どうやって寝ているのでしょうか？

渡り鳥は飛行機の自動運転モードのような能力を持っており、短い時間であれば熟睡しながら飛ぶことができるのです。

また、渡り鳥は「半球睡眠」を行い、効率的に脳を休ませながら飛行していることもわかっています。半球睡眠は、脳の半分は寝て、半分は起きている状態です。右脳が寝ているときは左目を、左脳が寝ているときは右目を閉じています。**渡り鳥はこの性質を利用して、たとえば右に方向転換するときは右目が閉じないように左脳を起こし、その間は右脳を休ませるなど、睡眠と安全確認を両立しています。**半球睡眠を上手に取り入れているため、渡り鳥は外敵から身を守りながら、ほかの鳥とぶつからずに列をなして長距離を移動できるのです。

POINT

飛行中は睡眠時間がとても短い

どのくらい睡眠をとるのかは、鳥の種類によって異なります。また環境によっても睡眠時間の長さは変わります。例えばオオグンカンドリは陸で生活するときは1日9時間ほど眠りますが、飛行中は40分ほどしか眠りません。野生では半球睡眠をする鳥が、人間に保護された後半球睡眠をほとんどしなくなった例もあります。

SUIMIN HIMITSU

43 鳥のヒナは寝返りを打つとき巣から落ちることもある

巣を作る場所や巣の作りによって壊れたり転落したりしてしまうことがある

鳥の巣は、ヒナたちが成鳥になるまで生活する安全な場所というイメージがあります。しかし、巣の立地や構造が原因で、ヒナたちが眠りながら厳しい試練に直面することがあります。

例えば、樹木の高い枝に巣を作るのは外敵から身を守るための合理的な選択ですが、強風が吹けば巣ごと吹き飛ばされるリスクがあります。眠っているヒナが巣から落ちてしまうことも少なくありません。特にツバメやハトなど都会の鳥たちは、電柱やベランダといった不安定な場所に巣を作ることがあり、人間の活動によって巣が壊されてしまうケースもあります。

さらに、巣の構造が原因で、ヒナが命を落とすこともあります。**一部の鳥は巣を簡素に作りすぎるため、ヒナが寝返りを打った拍子に巣の外へ転落してしまうのです。**また、材料として使った草や枝が不十分で、巣が崩れやすくなり、ヒナを守るどころか危険にさらす結果になります。

POINT

親鳥が不在の間に巣が襲われることもある

巣の場所が外敵に見つかりやすい環境だと、ヒナたちが寝ている間に捕食者に襲われることもあります。蛇やカラス、ネコなどの天敵は、親鳥が不在の隙を狙って巣を襲います。親鳥が戻ったときには手遅れで、巣が壊され、ヒナがいなくなっていることも珍しくありません。巣を隠す能力が低い鳥にとっては、ヒナを守りながら育てることが大きな課題となるのです。

SUIMIN HIMITSU

44

ペンギンは卵を温めながら立ったまま眠る

南極など寒いところに住むため体が冷えないように工夫している

かわいらしい姿で、水族館や動物園でも人気のペンギンですが、実はとても過酷な環境で暮らしています。南極など寒いところに住むペンギンは、氷や雪の上で腹ばいになって寝ると体が冷えてしまうので、じっと立ったまま眠ります。このとき、くちばしを羽毛のなかに埋めるようにして縮こまっていたり、かかと立ちをしていたりすることもあります。くちばしと足には毛が生えていないので、少しでも冷たい外気や氷に触れないようにしているのです。

さらに過酷なのが、子育てをするときです。ほとんどのペンギンは、父親と母親が交代で卵を温めながらエサを探しに行きますが、コウテイペンギンは、父親だけが卵を温めます。母親は卵を産んだ後、食料を獲りにすぐに遠い海へと出かけます。その母親が戻ってくるまでの 70 ～ 80 日もの間、父親はおなかと両足の間に卵を抱いて、眠るときも立ったまま、ひたすら卵を温め続けています。

POINT

暖かい地域に住むペンギンもいる

ペンギンは南極だけではなく、南アフリカやニュージーランド、オーストラリア、赤道に近いガラパゴス諸島などにも生息しています。暖かい地域や、雪や氷が少ない場所で暮らすペンギンは、ペタンと腹ばいになって眠ることもあります。また、水族館のフンボルトペンギンは、日中は立ったまま昼寝をしていることが多く、夜は腹ばいになって、片足や両足を投げ出して寝ていることもあるようです。

45 カラスは眠るときはねぐらに集まって寝る

夜になると山や林に帰っていき大きな集団を作る

日中に目にする鳥たちは、夜になるとめっきり姿を消しますが、一体どこでどのようにして眠っているのでしょうか。鳥たちの眠り方は、その種類によってさまざまです。

例えば、集団で行動するカラスは、昼間は小さな群れをなして行動していますが、夜になると山や林へ帰っていき、さらに大きな集団を作って眠ります。これを**「集団ねぐら」と呼びます。少ない場合で数十羽、多い場合で1万羽も集まって眠ることもあるようです。**

普段は単体で行動するけれど、眠るときは集団で眠る鳥もいます。その代表例がツバメです。ツバメは、日中は軒先などに巣を作って活動していますが、夜になるとヨシ原（大きな川の河川敷や、遊水池などの湿地）で群れをなして眠ります。ただし、ツバメは営巣中のときだけは、巣の近くで単体で眠ります。メスは巣のなかで、オスは巣のそばで眠り、つがい（夫婦）でヒナを守りながら眠るようです。

このように鳥たちが集団で眠る理由は、はっきりとはまだ解明されていないようです。ヘビやタカなどの外敵から身を守るためという説や、情報交換をしているという説もあります。

POINT

ハトは親鳥も巣で眠る

ハトは普段生活の拠点としている巣で、夜も眠ります。朝、エサを求めて巣から街のなかへ飛び出し、1日の活動を終えるとまた巣に戻ってきて眠ります。まるで、朝会社に行って働いて、夜は家に帰ってくる人間のようですね。ハトには強い帰巣本能があり、自分の巣を住処と認識しているようです。

46 警戒心の強いウサギは目を開けたまま眠る

「箱座り」や「スーパーマン」など さまざまな姿で眠る

ウサギは怖がりで繊細な動物として有名です。警戒心がとても強いため、野生のウサギの場合、いつほかの動物に襲われてもすぐに逃げだせるように、目を開けたまま眠ります。また、眠っているときでも起きているように見せかけて、敵を遠ざけるという生存戦略だともいわれています。

そんなウサギも、ペットとして飼われている場合は警戒心が弱まっているため、目を閉じて眠ることもあります。**特にリラックスしているときなどは、前足を折りたたんで体の下に収納して眠る「箱座り」といった座り寝をし、その姿はまるで猫のようです。**

また、お腹を見せて横になって眠る「ごろ寝」をすることもあります。このような無防備な姿で眠るのは、とてもリラックスをしているときです。さらに、**同じくリラックスしているときに、急にバタンと倒れるようにして、お腹を見せて眠る「バタン寝」をすることもあります。**手足を投げ出して地面にぺたりとお腹をつけ、足を後ろに伸ばして眠ります。

POINT

ウサギは細切れに睡眠をとる

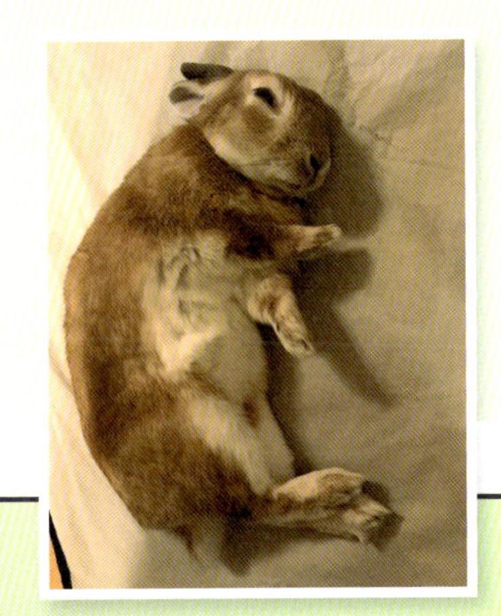

ウサギは人間と違って、細切れに睡眠をとります。これを「多相性睡眠」と呼びます。多相性睡眠は、眠っている間に何度も覚醒を挟むために、外敵の接近に気がつきやすいなどのメリットがあるといわれています。自然界のなかでか弱い存在のウサギ。それゆえ、生き残りをかけて睡眠にもさまざまな工夫をしているようです。

SUIMIN HIMITSU

47 リスは「死んだふり」をしたときに本当に寝てしまうことがある

リスは捕食者に襲われそうになると死んだふりをしてやり過ごそうとする

ペットとしても人気なリスですが、かわいらしい姿と裏腹に、彼らは「昼寝」をするのも大変です。

リスは主に朝と夕方に活動的になります。そのため、昼間の暑い時間帯やエネルギーを消耗した後には、木の枝や巣のなかで昼寝をする習性があります。しかし、昼寝の場所を選ぶ際に、木の枝の先端など不安定な場所を選んでしまうことも珍しくありません。風が強い日や、枝が突然折れるような状況では、リスはそのまま地面に落ちてしまうことがあります。運が悪ければ捕食者に襲われることもあります。

リスは捕食者に襲われそうになると、動きを止めて「死んだふり」（擬死）をすることで敵の注意をそらそうとすることがあります。しかし、この行動が裏目に出ることもあります。**擬死中に昼寝状態に近い深いリラックスに入ってしまうのです。敵が去ってもすぐに動けず、結果として別の捕食者に襲われてしまうこともあるのです。**

POINT

気候変動の影響で昼寝のリスクが高まっている

気候変動もリスの昼寝の習性に影響を与えています。夏の気温が上昇する地域では、リスが涼しい場所を求めて昼寝する場所を移動することが増えています。しかし、これが原因で巣から遠く離れた不安定な場所を選んでしまい、捕食者に襲われるリスクが高まることがあります。また、冬の気温が変動する地域では、冬眠中に予期せぬ目覚めをくり返し、体力を消耗してしまうケースもあります。

SUIMIN HIMITSU

48 脳がない クラゲも 実は眠っている

眠っているときはカサを脈打つ動きが少なくなる

水中をふわふわと漂うクラゲは、体全体に神経細胞が散りばめられていて、脳のような中枢神経がない生き物です。

そのような脳のないクラゲにも寝ているときがあります。最新の研究によって、サカサクラゲが眠っていることが確認されたのです。

睡眠には脳を休めるイメージがありますが、脳のないクラゲも眠るとはどういうことなのでしょうか。

クラゲはカサの部分が脈打つような動きをして泳ぎますが、眠っているときは、脈打つ回数が3分の2ほどに減るそうです。 活動が少なくなって眠っているサカサクラゲに刺激を与える実験をしたところ、すぐには起きているときのような反応をしませんでした。5分くらい遅れてから、ようやく目を覚まして反応したのです。そう、寝ぼけていたのですね。これはまさに、それまで眠っていたことの証といえます。また、サカサクラゲの睡眠のじゃまをするように、水槽の水を20分おきに10秒間ゆすり続けたところ、サカサクラゲは睡眠不足になり、後から睡眠を補おうと動きが少なくなったそうです。

POINT

クラゲだけでなく脳のないヒドラも眠る

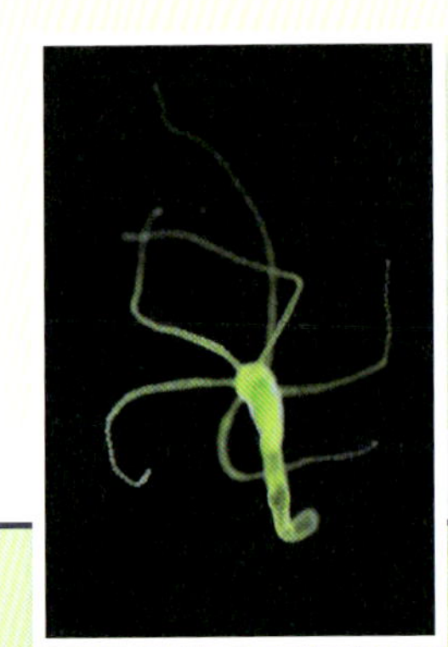

別の研究で、クラゲと同じ刺胞動物のヒドラも寝ることがわかっています。ヒドラもクラゲと同じように脳はありませんが、やはり眠っているときの反応が確認されました。ヒドラの動きが止まって眠っているときに弱い刺激を与えると、すぐに起きることはないのですが、強い刺激を与えたときは目を覚まして動き出したそうです。

49 マグロは夜間に泳ぐ速度を落として交代で眠っている

マグロは泳ぎをやめると死んでしまうので泳ぎながら眠っている

「マグロは泳ぎをやめると死ぬ」と聞いたことはありませんか？

これはあながち嘘ではなく、マグロは泳ぎをやめると窒息死してしまいます。

魚はエラ呼吸をしていますが、魚にはエラを自分で開閉できる種類と、泳ぐ際にエラに水を当てて酸素を取り込んでいる種類があり、マグロは後者であるためです。

では、泳ぎ続けなくてはならないマグロのような魚は眠っていないのかというと、そんなことはありません。マグロの睡眠について、はっきりとしたことはわかっていませんが、夜間はゆっくりと泳いだり、体温が下がったりと、日中とは違う動きをしていることが明らかになっています。この日中とは動きが違う時間がマグロの睡眠にあたるのではないかと、近年では考えられています。また、**群れで泳ぐ野生のマグロたちは夜間になると泳ぐスピードを意識的に落とし、群れのなかで順番に眠れるよう交代しあっていることが、近年の調査によってわかりました。**

POINT

マグロが眠る時間は約6秒!?

マグロは目を開けたまま泳ぎ続けているので、どのくらい眠っているのか正確にはわかりません。しかし、水族館で飼育されているマグロの夜間に泳ぐ速度が落ちている時間は約6秒間です。その間に眠っていると考えられています。

SUIMIN HIMITSU

50 アオブダイは粘膜で作った寝袋のようなもので寝る

自分が吐き出した粘膜でゼリーのような薄い膜を作る

砂に潜ったり、海藻を体に巻き付けたりと、魚の眠り方にはいろいろな種類があります。そのなかでも、アオブダイは自分で寝袋を作って眠るユニークな魚です。

アオブダイは、日本では主に東京湾より西の地域に生息する魚です。大人になると体が青色になり、ウロコの一つひとつが大きくて武者の鎧のように見えることから、青武鯛と名付けられました。体の色が鮮やかで熱帯に生息しているかのように見えますが、意外にも日本人にとって身近な魚です。

寝袋を作るといっても、海藻や砂など海のなかのものを材料にしているわけではありません。**アオブダイは夜になると、まず岩陰に横になります。そして自分が吐き出した粘膜でゼリーのような薄い膜を作り、そのなかに入って眠ります。**アオブダイは日本各地の水族館で飼育されていて、飼育下でも寝袋を作るようすが確認されています。

POINT

ほかにもいる寝袋を作る魚

アオブダイのほかには、ホンソメワケベラ、ニセモチノウオ、オトメベラなども粘膜を出して、寝袋を作って眠ることが知られています。その理由ははっきりとわかっていませんが、岩肌へぶつからないようにクッションのため、天敵に気づかれないため、寄生虫から身を守るためといった説があります。

51 サメは寝ぼけたまま狩りをすることがある

間違って漂流するゴミや海洋機器のケーブル、仲間のサメを攻撃してしまうこともある

サメは海の生き物のなかで、最も恐れられる捕食者として知られています。サメにはさまざまな種類がいますが、ある種のサメは、マグロのように**泳ぎながら眠ります。呼吸をするためにエラに水を当てて酸素を取り込むためです。なかには、海上に向かって泳ぎ、そこから海底まで沈む間に休み、また起きてをくり返すものもいます。**

ある研究では、寝ぼけた状態のサメが群れに紛れた他種の魚を攻撃しようとして、失敗するようすが観察されています。通常であれば、サメは視覚や嗅覚を頼りに獲物を正確に捕らえるのですが、これらの感覚が鈍るため、動きの速い獲物に追いつけなかったり、全く違う方向に進んでしまったりするようです。

また、寝ぼけているサメがエサではないものにかじりついてしまうこともあります。例えば、漂流するゴミやボートの外壁、さらには海洋機器のケーブルなどを誤って攻撃したという報告が複数存在します。

POINT

寝ぼけて仲間のサメを攻撃することもある

寝ぼけたサメが仲間やほかのサメを間違えて攻撃するケースも確認されています。群れで行動する種類のサメにとって、これは非常に危険な行為です。特に繁殖期や縄張争いが絡む場合、仲間内での誤解が大きな争いに発展することもあります。こうした間違いは、サメの生存や社会構造に影響をおよぼす可能性があります。

SUIMIN HIMITSU

52 タコやイカも夢を見ている可能性がある

寝ている間に夢を見ているような反応をすることがある

人間はレム睡眠のときに夢を見ることが多いです。人間だけではなく、動物も夢を見るのかという疑問については長年研究が進められていて、ネコやネズミ、鳥なども夢を見ることがわかっています。では、タコやイカといった軟体動物も夢を見るのでしょうか。

タコやイカも眠ること自体はわかっていて、ノンレム睡眠とレム睡眠のような睡眠が存在するだろうという研究結果が出ています。つまり、タコやイカも夢を見ている可能性があるのです。

米ロックフェラー大学の研究では、水槽で睡眠中のタコが突然身をよじらせ、もがき苦しみながらスミを吐くようすを発見しました。これは捕食者に遭遇したときに見せる反応と同じなので、悪夢を見ていた可能性があるといえるでしょう。また、タコの仲間は威嚇やコミュニケーションのために体の色を変えるとされています。沖縄科学技術大学院大学の研究によると、ソデフリタコの体の色は睡眠中に変わりますが、これは睡眠中に夢を見るのと同じようなことが起きているからではないかと推察されています。

POINT

タコのレム睡眠は30秒～1分ほど

人間はノンレム睡眠とレム睡眠を90分サイクルでくり返します。それに対し、タコのレム睡眠の時間は30秒～1分程度だと考えられています。そのため人間が見る夢のように、長くストーリー性のある内容かどうかは、まだわかっていません。

SUIMIN HIMITSU

53 アリは種類によって睡眠時間がバラバラ

ハキリアリは２～３分の短い睡眠を昼夜問わずくり返している

眠っているイメージはあまりないかもしれませんが、昆虫も寝ています。しかも多くの昆虫には、人間と同じように体内時計があり、太陽が出ている昼間に活動をして、夜暗くなると寝ることがわかっています。寝るといっても虫は目を閉じることがないので、ただ動きを止めて休んでいるようにも見えます。

アリたちの眠りは、その時間やタイミングがアリの種類によって違うようです。私たちが普段よく見る**クロヤマアリは、昼間に働いて、夜は６～７時間の休息をとっています。さらに、たっぷりと睡眠をとっているのは、森のなかに住むカドフシアリ。1日に推定20時間以上寝ているそうです。**

一方、葉っぱをちぎって巣に運ぶ習性があるハキリアリは、長い睡眠をとることがありません。昼夜を問わず２～３分の短い睡眠を15分おきにくり返して、1日中働きつづけます。

POINT

長く眠る種類のアリのほうが長生き!?

ハキリアリの巣のなかでは、集めた葉っぱでキノコを育てて、女王アリや幼虫に食べさせます。多い場合は数百万匹にもおよぶというハキリアリの社会は、仮眠をとりながらせっせと働くアリたちに支えられているのです。ちなみに、ハキリアリの寿命は3か月ほど。クロヤマアリは２～３年で、カドフシアリは、５～６年生きることができます。長く寝るアリのほうが長生きのようです。

SUIMIN HIMITSU

54 ミツバチは休息時間が長すぎると怠け者とみなされることがある

ミツバチは数秒から数分間の短く浅い眠りをくり返す

勤勉で働き者の象徴として知られるミツバチですが、活動は主に昼間で、巣の外では蜜や花粉を集め、巣のなかでは食料の加工や幼虫の世話を行います。このような忙しい日常のなか、ミツバチは短い休息をくり返すことで体力を回復するそうです。**彼らは「マイクロスリープ」と呼ばれる非常に短い睡眠をとり、1回数秒から数分程度の浅い眠りを1日のなかでくり返します。**この仕組みは効率的ですが、休息のとり方によっては群れのなかでの位置づけに影響をおよぼすこともあります。休息をとりすぎたり、集団行動から外れた動きを見せたりすると、「怠け者」とみなされることがあるのです。休息時間が長引きすぎると仲間からの警戒心が強まり、最悪の場合、巣の外に追放されることもあります。

集団ではなく単独で行動をするハチもたくさんいます。そのようなハチのなかでも、一人者同士、夜な夜な集まって集団で寝るものもいるようです。たれ下がった葉っぱや細いツタ、枝などをくわえるようにぶら下がり、縦一列になって寝るハチもいます。

POINT

寝不足だと「8の字ダンス」が上手に踊れなくなる

ミツバチは巣のなかで、お尻をふって8の字を描くように動く「8の字ダンス」をすることがあります。このダンスは、エサまでの距離や方向などの情報を仲間に伝えるために行われます。しかし、睡眠不足になると、このダンスも上手に踊れなくなってしまうそうです。

SUIMIN HIMITSU

55 サンゴは魚たちの食事付きのホテルとして共生している

サンゴは魚たちの快適な寝室

複雑な作りのサンゴは安全な寝床として さまざまな生き物に利用されている

海底にあるサンゴは色も形もさまざまで、「海のオアシス」と呼ばれることもあります。植物のようでもあり、鉱物のようでもありますが、実は動物で、クラゲやイソギンチャクと同じ刺胞動物の仲間です。子どものときは海中を泳いで漂いますが、大きくなるとポリプと呼ばれる小さなイソギンチャクのような姿になり、自分の骨格のなかに棲みます。私たちがイメージするサンゴは、その骨格が長い時間をかけて海底に積み重なったもので、群れになると海面近くまで高まり、サンゴ礁と呼ばれる地形を形作ります。

そんな**サンゴは、安全に睡眠をとりたい魚たちの絶好の寝床で、多くの魚たちが棲み着いています。**スズメダイなどは枝状に広がるサンゴの隙間に隠れて棲んでいます。また、サンゴヤドリガニのように、サンゴのコブのなかで暮らすものもいます。サンゴに穴を開けたり、削り取ってなかに入るものもいます。例えば、二枚貝の仲間であるウミギクガイモドキは穴を掘り、サンゴに埋もれて生活します。

食事付きのホテルのように、寝るだけではなく、食事をするものもいるようです。サンゴガニやサンゴテッポウエビは、サンゴの出すぬるぬるとした粘液を食べて栄養とします。そして、サンゴの敵であるオニヒトデが来たときには、サンゴを守って戦います。このようにサンゴと魚たちは互いに守ったり、守られたりしながら共生しているのです。

SUIMIN HIMITSU

56 インゲンマメは夜になると葉を閉じて眠る

植物は、動物が睡眠をとるように就眠運動と呼ばれる行動をする

朝は咲いていたチューリップを夜に見たら、花びらがしっかりと閉じていた、という経験はありませんか？　これが**植物の睡眠である「就眠運動」です。就眠運動は昼と夜に反応して行われるため、昼夜運動とも呼ばれます。**

人間は「21時だからもう寝よう」と時間で判断することができますが、植物には人間のように時計を見る習慣はありません。明るさや気温などから昼と夜を判断して、就眠運動を行います。先ほどのチューリップは、暗さと寒さを感じて花びらを閉じたのですね。

人間は眠るとき、目を閉じて横になります。国が変わっても、この動作は基本的には同じです。しかし、植物の場合どのような就眠運動を行うのかは、種類によって異なります。**例えば、インゲンマメの就眠運動は葉の開閉です。昼は葉を横に向かって開き、夜になると下に垂らします。**タンポポはチューリップと同じように、花びらを閉じたり開いたりします。

POINT

植物はエネルギーの節約や温度を保つために眠る

植物は人間と異なり、疲れをとるために眠っているわけではありません。就眠運動の目的も種類によって異なります。インゲンマメの葉が夜になると垂れるのは、夜は光合成ができないためだと考えられています。葉をピンと開くためのエネルギーを節約しているのです。一方、チューリップやタンポポが花を閉じるのは、内部の温度を保って種子を作りやすくするためと考えられています。

索引

監修者プロフィール

林 悠（はやし ゆう）

東京大学大学院理学系研究科生物科学専攻教授／筑波大学国際統合睡眠医科学研究機構客員教授。
東京大学を2003年に卒業後、同大学院博士課程修了。理化学研究所脳科学総合研究センター基礎科学特別研究員、筑波大学国際統合睡眠医科学研究機構准教授、京都大学大学院医学研究科人間健康科学系専攻教授等を経て現職。監修書に『東京大学の先生伝授　文系のためのめっちゃやさしい睡眠』（ニュートンプレス）など。

Creative Staff

編集　：　ヱディットリアル株式會社
デザイン　：　イシヤマグラフ
イラスト　：　クリエイトプレイス Aホープ、tacodesign
写真　：　PIXTA

睡眠のひみつ
知るほどおもしろい「眠り」のちしき

2025年1月30日　第1版・第1刷発行
2025年4月20日　第1版・第2刷発行

監修者　林　悠　（はやし　ゆう）
発行者　株式会社メイツユニバーサルコンテンツ
代表者　大羽 孝志
〒102-0093 東京都千代田区平河町一丁目1-8
印刷　株式会社厚徳社

ご意見・ご感想はホームページから承っております。
ウェブサイト　https://www.mates-publishing.co.jp/

企画担当：堀明研斗